Roxane

de l'obscurité à la lumière

SOLAR
EDITIONS

Roxan

1 Partie

La famille, mes racines !

Mon enfance, mes frères

mon instinct maternel, déjà !

Avec le temps, j'ai pris pour habitude de me confier, me livrer dans mes vidéos YouTube. Mais là, je ne vous cache pas que l'exercice est nouveau pour moi : c'est un peu intimidant de plonger si loin dans mon passé. Pourtant, grâce à vous, à la confiance que vous me témoignez, je me sens prête et j'ai à cœur de vous partager mes expériences de vie, mes doux souvenirs comme les plus pénibles. Et surtout d'aborder des sujets sensibles que j'ai mis beaucoup (beaucoup) de temps à verbaliser, à digérer. Mais aujourd'hui, je peux libérer ma parole et j'espère aider des personnes chez qui cela fera écho. Je vais vous raconter la petite Roxane qui a bien grandi mais qui, à bien des égards, ressemble beaucoup à celle que je suis devenue. Pour prendre une métaphore pâtissière, tous les ingrédients étaient là, il suffisait de les mélanger !

Je commence par le début : je suis une fille de Menton. Menton, c'est ma ville de cœur, mon ancrage, mon horizon. Je ne me lasse pas de la regarder, elle a nourri tous mes souvenirs d'enfant.

Pour vous situer, Menton, c'est une petite ville du Sud. Mais le vrai Sud, hein ! Le Sud qui est à quelques kilomètres de l'Italie, avec sa végétation luxuriante, sa mer Méditerranée scintillante, ses odeurs marines. Et sa fameuse fête du Citron qui, chaque hiver ou presque, fait les gros titres du journal de 13 heures.

En écrivant ça, j'ai une pensée particulière pour **Jean-Pierre Pernaut** *que j'adorais…*

L'été, la ville s'anime avec les vacanciers. Avec ma maman, on adore faire le marché nocturne, prendre un diabolo-menthe en terrasse, acheter une glace à La Mandibule pour admirer ensuite les danseuses brésiliennes…

Mais attendez, je m'emballe, je vais vous perdre. On va reprendre les choses par le début !

Je suis donc née le 29 décembre 1986. L'année de Tchernobyl (vous savez, la centrale nucléaire et le nuage radioactif qui s'est arrêté à la frontière), de la mort du chanteur Balavoine et de Coluche des Restos du Cœur, de l'explosion de la navette américaine *Challenger*. Bref, une bonne année ! Pourtant il faut croire que j'ai voulu aussi marquer cette année d'une empreinte plus positive pour mes parents : j'ai pointé le bout de mon nez avec un bon mois d'avance. Oui, j'étais déjà du genre hyperactive.

On me souffle dans l'oreillette que je savais aussi, déjà, bien me faire entendre.

Je déboule donc dans une famille composée de ma maman Christine, de mon papa Jean-Marie et de mon grand frère Mathias, né un an et demi plus tôt. On ne peut pas imaginer plus opposés que mes parents, mais je vous en reparlerai plus tard. Puis mon petit frère Yoan rejoint l'aventure. J'ai alors 6 ans, je suis en CP, j'ai un maître que j'adore (ce sera loin d'être toujours le cas, malheureusement, par la suite). Ma mère m'offre à l'époque mon premier journal intime avec, je vous le donne en mille, une couverture rose. Dessus, il y a un chien de garde qui protège la clé, tout un programme ! Un jour j'aime un certain Pascal, le lendemain Florian, je suis un vrai cœur d'artichaut. Mais, en vrai, je joue surtout avec ma Barbie et mes Polly Pocket.

C'est à cette époque que remontent mes **premiers souvenirs…**

Pour tout vous dire, je n'ai pas de souvenirs de ma mère enceinte. Ni d'ailleurs vraiment de notre vie à quatre, avant la naissance de mon petit frère. Il n'y avait pas Insta, même pas Facebook et encore moins d'iPhone pour réactiver la timeline de ma mémoire.

C'est comme si l'histoire avait commencé ce jour de 1992, quand je découvre Yoan à la maternité. Car pour le coup, je me souviens très bien de ma tante venant me chercher à la sortie des classes : « Il faut vite y aller, ta mère a accouché. » Puis la route depuis la petite colline pour redescendre de l'école. Et pour finir mon frère, là, dans les bras de maman. Si je me refais le film dans ma tête, façon cinéma, j'imagine un long travelling dans le couloir, suivi d'un ralenti suspendu au moment de pousser la porte de la chambre, puis un arrêt sur image. Et là, le cœur qui bat fort quand, enfin, je pose mon regard sur lui. Je dis tout de suite à maman : « Je veux le prendre dans mes bras. »

Ce jour-là a vraiment changé ma vie, mais vraiment. Aussi fou que cela puisse paraître, j'ai développé mon instinct maternel à ce moment-là. Yoan, c'était mon fils en fait, c'est fou. J'ai ressenti le même truc puissant pour la naissance de Mathys, mon grand garçon. Je sais que pour plein de jeunes filles, de femmes et de mamans, il n'y a pas cette évidence, et c'est **NORMAL** ! Il n'y a aucune culpabilité à avoir, on ne naît pas maman ou papa, on le devient !

En ce qui me concerne, malgré mon jeune âge, mes gestes sont lisses et doux, comme si j'avais déjà connu ce sentiment de maternité. À 13 ans je rêvais d'être maman. C'est difficile à expliquer, ce genre de choses. Surtout que je ne suis pas élevée comme une petite fille modèle, mais alors pas du tout !

J'en ai rien à faire des belles robes, des tutus de danse !

Je récupère les tee-shirts de mon grand-frère, les habits de mes cousines, et ça me va très bien. Je passe des récrés à jouer aux Pogs, vous savez, ces rondelles en carton qu'on trouve alors dans les chips ou les paquets de céréales. Avec un « kini », il faut renverser les piles. À la maison, je suis en mode *girl power*, à éclater mes frères à *Street Fighter* sur Nintendo. Pas encore « girly », ça, je me le réserve pour plus tard !

Entourée de mes frères, je grandis avec ce schéma de l'amour des enfants. Je me dis souvent qu'il y a beaucoup de ma grand-mère maternelle dans tout ça.

J'adore ces légendes fondatrices qu'on se raconte (ou qu'on se cache…) de génération en génération !

Elle s'appelle Thérèse. C'est une amoureuse des enfants et une combattante de la vie : à sa naissance, elle est jetée dans une boîte à chaussures, car on la pense mort-née. Heureusement, une sage-femme entend de petits cris, comme des cris de souris, et elle lui sauve la vie.

Ces légendes familiales paraissent anecdotiques, mais plus j'avance dans la vie, plus je me dis qu'elles ne le sont pas tant que ça, et surtout qu'elles ne sont pas encore toutes dévoilées. Elles sont les ingrédients qui composent la pâte dont nous sommes faits.

Mais on parlait de Thérèse ! C'est quelqu'un, cette femme. Une douceur folle, une blonde aux yeux bleus comme ma mère, comme moi et aussi comme ma fille Louane. C'est quelqu'un de très spirituel, elle est très portée sur les énergies. Pendant des années, elle a tiré les cartes. Elle m'a appris à être à l'écoute des signes que la vie m'envoie. Je grandis dans cette perception de la vie un peu paranormale, j'ai d'ailleurs toujours cette sensibilité aujourd'hui.

Dans une maison, il m'arrive parfois de ressentir des **trucs bizarres**, *comme une présence...*

Mes quatre tantes sont restées vivre dans la maison familiale (ou tout près). Ma mère est la seule à être partie du cocon. Gamine, je suis en perpétuelle recherche de l'attention de ma grand-mère et je crois que jamais personne n'y a vraiment prêté attention ou s'en est même rendu compte. Comme si, ne vivant pas avec elle, j'avais besoin de me mettre en avant en tant que petite fille. Mes cousines et cousins, vivant à ses côtés, avaient une place de privilégiés que je ne parvenais jamais à atteindre malgré mes efforts. J'ai toujours eu cette envie de faire davantage mes preuves auprès d'elle. Peut-être qu'inconsciemment, je me disais que je lui plairais si j'avais le même talent maternel qu'elle, et c'est pour ça que je l'ai reproduit. Vous aussi, j'en suis sûre, vous avez un tas d'histoires de famille qui expliquent votre tempérament.

Ce concept de l'instinct maternel, il faut le déculpabiliser. On l'a, on ne l'a pas... peu importe ! **Par contre, il me semble qu'on ressort toujours grandi quand on essaie de retisser les fils de son histoire.** En tout cas, moi, ça m'aide à avancer.

Bien sûr, on ne va pas se mentir, maman s'occupe H24 de mon petit frère bébé. Mais, dès que je peux, j'essaie de prendre soin de lui. Plus tard je superviserai même ses devoirs ! Je suis une vraie sœur poule. J'en suis presque à apprendre à ma mère son métier de maman ! Elle trouve ça mignon, je crois, de me voir investie comme ça, soucieuse de Yoan. C'est plus tard qu'elle comprendra à quel point cela a pris une grosse place dans ma vie.

C'est ce jour où Yoan traverse une nationale hyper dangereuse. Le cri que je pousse, je peux vous dire que je l'ai encore dans les oreilles. C'est un cri de maman, pas de grande sœur.

Je m'en souviens bien, ce jour m'a marquée au **fer rouge** !

Du haut de mes 8 ans, je mesure toute l'importance de mon rôle. Avec mon grand frère, j'ai vraiment une relation frère-sœur, on est hyper complices, à faire les 400 coups tout le temps. Mais avec mon petit frère, je suis tout de suite cette grande sœur protectrice.

Ultra-protectrice !

Je mets un max de chantilly !

Comme durant les vacances chez Méli et Péchou, nos grands-parents du côté de papa. Ils vivent à Breil, un village sur les hauteurs de Menton. Il y a plein de mimosas qui poussent dans l'allée près de leur maison. Ces boutons d'or, ce parfum, me ramènent toujours là-bas ; c'est encore ma fleur préférée aujourd'hui. Nous avons passé de merveilleux moments à leurs côtés avec tata Lolo, tonton Guitou et ma cousine Mélina. Des souvenirs très chers à mon cœur qui accompagnent mon quotidien. Ils ont assuré mon équilibre dans les moments sombres, sans même le savoir. Chez eux, on dort tous les trois dans le clic-clac du salon. Je suis cette grande sœur qui s'endort toujours en dernier pour remonter la couverture sur Yoan, pire encore, je passe des nuits blanches car je colle ma tête près de son nez pour m'assurer qu'il respire bien ! (Des gestes que je reproduirai bien des années plus tard pour… mes enfants !)

Je suis aussi cette Roxane qui ne dépense pas un seul des 100 francs d'argent de poche donnés par mes parents. Parce que je sais que Mathias comme Yoan auront tout dépensé les premiers jours. Pareil, le jour où papa m'emmène avec mon grand frère à Disneyland pour mes 10 ans. Mes parents travaillaient dur et on ne roulait pas sur l'or, je découvrais mon amour pour Disney et ce voyage était aussi fou qu'inattendu, mais ça a été super dur pour moi de faire le voyage sans Yoan. Sur place, je dépense tout mon argent pour lui rapporter une peluche. Celle du Roi Lion, le Disney qu'on regarde tout le temps à l'époque (avec *La Petite Sirène*, ces deux-là se disputent la première place de notre top 5).

Telle une maman qui veille sur ses chérubins, je m'oublie pour ne penser qu'au bonheur de mes frères.

Mon bonheur, c'est le leur.

Je crois que j'ai toujours eu cette empathie surdimensionnée, où j'ai mal avant qu'ils aient mal.

À l'école aussi, je me fais la porte-parole des plus faibles. C'est bizarre car je suis pourtant super timide à cette époque ! Ma seule copine, c'est Letizia. On ne se quitte pas depuis la maternelle. Quand, pour une raison ou une autre, elle n'est pas là, c'est un peu panique à bord. En primaire, je suis assez solitaire, je rougis pour un rien. Et pourtant, je me surprends un jour à monter sur un banc dans la cour de l'école, et à crier : « Maintenant vous arrêtez, c'est nul, le racisme ! » Mes parents sont tellement ouverts d'esprit, je vrille quand je vois tout le monde embêter un copain de classe parce qu'il est noir ou pour toute autre cause d'intolérance ou d'injustice.

C'est qu'on en a fait du chemin, **traversé des épreuves.**

Avec Yoan, vous l'avez compris, on peut dire que je prends mon rôle de grande sœur très, très à cœur ! Je vous épargne mes suppliques à ma mère pour ne pas le laisser partir en classe de neige, tellement il pleure dans le bus. (Un moment vraiment traumatisant pour moi, que je reporte d'ailleurs aujourd'hui sur mes enfants.) Enfin, je garde quand même un œil sur lui : c'est Yoan qui est derrière la caméra quand on tourne nos vidéos YouTube. Le regard s'est un peu inversé en somme, même si je ne peux pas m'empêcher de jouer encore les mères poules avec lui. Si je reprends le fil de notre histoire, bientôt, c'est le divorce de nos parents qui nous attend, mais ce n'est pas le plus dur qu'on ait eu à vivre.

Les leçons à en tirer :

→ Avec mes frères, je découvre que j'aime prendre soin des autres. En faisant du bien, on se fait du bien !

→ Je découvre aussi les pièges qui s'ouvrent en grand. À trop vouloir le bonheur des autres, on peut s'oublier facilement.

Lorsque deux routes s'ouvrent à nous, il faut savoir trouver sa voie !

2 Mes parents divorcent

« On ne se dispute pas, on discute ! » Il y a des phrases, comme ça, qui font retomber direct en enfance. Vous savez, ces moments où vous sentez bien que ça se barre en cacahuète entre vos parents, et qu'eux tentent de vous rassurer... Mais où ça a l'effet inverse ! Cette phrase pas du tout rassurante tellement elle est en décalage avec la dispute en train de se dérouler sous vos yeux. Vous savez, comme ces TikTok où les sous-titres ne collent pas du tout à l'image. On est d'accord, ça crée plus un effet comique que réaliste, non ? Cette phrase, il m'arrive d'y repenser quand ça monte trop en mayonnaise avec Loïc. On ne se dispute pas très souvent, mais quand ça pète, malgré nos deux bons gros caractères, on garde quand même un grand sourire devant les enfants. Comme s'ils s'étaient mis en mode avion durant notre engueulade... Alors qu'en fait, ils entendent tout !

Mon papa et ma maman, eux, ont des tempéraments bien trop opposés pour avoir réussi à se retrouver. On en rigole aujourd'hui, tellement tu ne peux pas imaginer plus différents qu'eux deux ! Elle la bordélique, lui le maniaque : du pur sucre pour l'explosion assurée. Au début, cela les a sans doute poussés l'un vers l'autre, en mode attraction des pôles. Ils se rencontrent tout jeunes à Breil, où mon papa vit et où ma maman va en vacances. Ils s'installent à Menton dans un appartement du centre-ville. Mon grand frère et moi, on arrive vite dans la partie. Puis, comme vous le savez, mon petit frère.

La vie, quoi.

J'ai des parents pas du tout casaniers. On est tout le temps en sortie, en promenade. Pas des trucs de dingues, on ne peut pas se le permettre. C'est des randonnées, des pique-niques, et quand on va au parc animalier, c'est la sortie de l'année ! Et ça me va ! Je n'envie personne et ne ressens pas le besoin ou l'envie d'avoir plus. Je grandis et je suis éduquée avec l'amour des choses simples. Maman est secrétaire médicale, papa travaille dans une usine de reconditionnement de produits d'entretien, il gère le stock, les préparations et les expéditions. Ils font de grosses journées, on est souvent gardés par nos grands-parents. Ils n'ont pas vraiment de gros moyens, et je sais avec le recul qu'ils ont bien galéré financièrement. Mais on vit très bien. Dans mes souvenirs d'enfant, on profite à fond. Avec mes frères, on partage une chambre tous les trois, mais c'est cool. On ne s'est jamais plaints de ça, car on était profondément heureux. On a tout notre petit monde là-dedans. Malgré le manque de place, on parvient à se créer chacun un univers, moi avec mes journaux intimes, mon grand frère ses Dragon Ball, et le matelas de mon petit frère navigue entre notre chambre et celle des parents.

On n'est pas pourris gâtés mais on est **comblés.**

Je me rappelle encore le porte-clé hippopotame rapporté un jour par mon père d'un déplacement professionnel à Paris. Pour moi, en vrai, c'est comme recevoir la tour Eiffel ! Ou le jour où j'ai trouvé sur mon lit la Barbie papillon sur laquelle je fantasmais depuis des mois. Ma mère a attendu de mettre peu à peu de l'argent de côté pour arriver à me l'offrir.

Je tiens à préciser, cette Barbie, elle est juste méga cool avec ses trous dans les ailes : tu mets du savon et ça fait des bulles ! Je me demande si elle existe encore…

En vous racontant tout ça, je réalise à quel point mes parents m'ont appris **le plaisir des choses simples**, *des petits bonheurs de rien du tout.*

Même si ma vie a (complètement) changé depuis, je mets un point d'honneur à inculquer les mêmes valeurs de vie à mes enfants et je suis fière d'y parvenir. Ils ne vont jamais exiger des chaussures de marque, le dernier téléphone à la mode… alors qu'ils savent que nous pourrions leur offrir ! Ils ont appris que l'apparence ne vaut pas grand-chose si tu es vide à l'intérieur et que tu ne VIS rien.

On peut se construire des citadelles de bonheur à partir de peu de choses, tant qu'on a un toit au-dessus de la tête et de quoi manger dans l'assiette. Ce ne sont pas des paroles en l'air, ce que je vous dis là. Je crois même que c'est ce qui a fait ma force dans cette aventure YouTube, qui m'a apporté cette merveilleuse communauté que vous formez et qui grandit chaque jour. Bien sûr, mes vacances aujourd'hui ne ressemblent pas à celles de mon enfance. En fait, ce sont surtout les lieux qui ont changé parce que les moments que nous vivons restent les mêmes : randonnées, pique-niques, fous rires, jeux de société… Le bonheur simple. J'en partage les images avec vous, avec cette conscience aiguë de ma chance. Je ne veux surtout pas vendre du rêve et des paillettes.

Vous le savez : pour moi, l'essentiel est ailleurs. Il est dans les valeurs qui m'habitent. Dans cette conviction ancrée en moi que le plus important dans la vie est de savourer, de chérir les moments passés avec ceux qu'on aime, aussi simples soient-ils.

Après, on ne va pas se mentir, le goût des choses simples ne protège pas des épreuves de la vie. « On ne se dispute pas, on discute ! » Cette phrase donc, on l'entend de plus en plus souvent à la maison. Ma mère, c'est toujours un bordel organisé. À l'image de ses tiroirs, chez elle tout déborde pêle-mêle : les affaires, les émotions, les effusions. Mon père, c'est tout l'inverse. Les grandes réunions familiales, les fêtes, ça le saoule vite. Je vous l'ai dit, c'est un maniaque. Il est en mode rangement militaire, à passer le doigt au-dessus des portes pour vérifier qu'il ne reste aucune poussière, vous voyez le genre ? Mais si je vous parle de disputes régulières, en vrai je ne peux pas dire qu'elles m'aient marquée plus que ça. C'est juste que cela a commencé à devenir pesant… jusqu'au divorce.

Mes parents, c'était une magnifique histoire d'amour, mais ils sont trop opposés pour s'aimer. Voilà, vous l'avez compris, vient le jour de l'annonce de la séparation. Vous êtes nombreux, j'en suis sûre, à avoir vécu ça. La fin du couple des parents, le déraillement du conte de fées auquel on croit envers et contre tout. On y croit malgré les disputes, les évidences, les voyants qui se mettent au rouge. Vous toutes et tous qui êtes passés par là le savez : ce sont des moments à jamais gravés.

Des moments charnières, où le minuteur se met sur pause. J'ai une image très claire du moment où l'on entre dans la chambre des parents, mes frères et moi. C'est le soir, ils sont tous les deux assis sur le lit. Je vois mon père pleurer, pour la première fois de ma vie. J'entends ma maman prononcer ces mots : « Papa et moi, on a pris une décision : on va divorcer. » Je comprendrai vite qu'en fait la décision vient d'elle. Vous le verrez, elle en a sous l'accélérateur ma maman !

Ce ne sera pas la dernière de ses grandes décisions dans la vie.

Pour moi, pour nous, commence alors le premier jour du reste de notre vie. Comment je réagis à cette annonce ? Je me dis immédiatement qu'au final, c'est un mal pour un bien. Ils s'engueulent tellement tout le temps ! Je me dis qu'on va avoir deux Noël, deux maisons. Comme tous les gamins, je dresse la liste des avantages à retirer de la situation. Après tout il y en a d'autres à l'école qui vivent ça. Ils n'ont pas l'air si mal. C'est fou, j'ai 9 ans et je cherche déjà à voir le positif partout ! Vous me demandez souvent comment j'arrive à être aussi positive dans la vie. J'ai du mal à l'expliquer. J'ai ce truc de pouvoir digérer positivement les choses, pour me protéger et protéger les autres. Ce soir-là, je vois mon père pleurer, mon petit frère ultra-sensible de 3 ans dans les bras de ma mère, mon grand frère assommé par la nouvelle. Je sais que c'est dur pour eux, ça ne sert à rien qu'en plus je rajoute mon grain de sel…

Alors, inconsciemment, et peut être pour la première fois, je tais mes émotions. Pour mes parents, pour mes frères, j'accepte cette décision. Elle n'est pas facile à entendre mais je la comprends. Et mes parents ont toujours été géniaux avec nous. D'emblée, ils mettent en place un nouveau ryhtme qui fonctionne bien. Papa prend un studio pas loin de l'appartement. Nous, les enfants, on va de l'un à l'autre, facilement. Mon père nous a un week-end sur deux et la moitié des vacances scolaires, mais en vrai il vient à la maison quand il veut. Un nouvel équilibre familial se crée. Le quotidien change, mais avec mes frères, on prend nos repères dans cette nouvelle équation. Je vous dis ça, mais ça ne s'est pas fait non plus du jour au lendemain.

La vie serait trop facile s'il y avait des recettes instantanées du bonheur !

Je nous revois encore, lors de la première soirée chez papa, dans son appartement tout triste. Il nous sort des raviolis en conserve. On s'efforce de trouver ça bon et de jouer comme avant au jeu des sept familles. On est tous hyper stressés, moroses. Là, je ne peux pas m'empêcher de me dire : « Mon Dieu, mais c'est ça, le divorce, au secours ! »

Cette première soirée s'est terminée en apothéose avec Yoan qui s'est accidentellement enfermé dans les toilettes, on a dû démonter la porte pour le faire sortir ! Oui, les débuts étaient maladroits (et malchanceux). Mais après ça, on va parler, beaucoup. La complicité que j'ai avec Mathias m'aidera à retrouver les jeux que nous aimons tant mais sans jamais aborder le sujet du divorce. Pourquoi ? Je ne le sais pas... Nous avons sûrement hérité de la pudeur des sentiments de mon père, ou bien est-ce toujours cette peur de voir l'autre souffrir ?

Dans les épreuves difficiles, on est super complices, mais on a aussi cette réserve, à ne jamais verbaliser, à toujours dédramatiser. Pour se dire « je t'aime », on va se dire « ta gueule », vous voyez l'esprit ! Avec le recul, je pense que c'est à partir de là, dans ma vie, que j'ai commencé à cacher mes émotions, à moi-même comme aux autres, d'ailleurs. Alors que parfois il aurait juste fallu pleurer un bon coup, et qu'on se dise « là, c'est vraiment dur ».

Vous le savez, dans la vie, j'essaie toujours de voir le bon côté des choses, de tirer du positif de chaque épreuve. Mais plus j'avance, plus je prends garde à savoir aussi accueillir les émotions négatives et je mesure aussi toute l'importance de celles-ci. J'apprends à mettre des mots sur les moments difficiles que je peux traverser. Cela me semble hyper important, quand on y pense ! C'est essentiel de ne pas être seule avec tout ça. Vos extraordinaires réactions à chaque fois que je vous confie une mauvaise passe me le montrent : ensemble, on est plus forts. La verbalisation fait du BIEN et ça offre souvent l'occasion d'être accompagné·e et de se sentir moins seul·e. Et puis c'est tellement important de savoir reconnaître quand ça ne va pas. On n'est pas des *warriors* dans la vie. Les coups de mou, les moments de faiblesse, c'est juste NORMAL et c'est la vie. Mais là, on est d'accord, c'est la Roxane d'aujourd'hui qui parle. Avec mes frères, enfants, on est plutôt sur le registre de l'humour qui cache la tristesse. Notre façon de vivre, c'est de passer vite les épreuves et de se dire : aussi dures soient-elles, la vie continue. Et c'est ce qu'on fait à la maison. Il y a de la joie, des rires, et bientôt il y aura un objet qui va beaucoup, mais vraiment beaucoup nous occuper : le caméscope de ma mère !

Les leçons à en tirer :

→ Face aux tsunamis de la vie, pour ne pas se noyer, il faut voir le bon côté et en tirer du positif.

→ En grandissant, on apprend que verbaliser permet de mieux se relever : prendre le temps d'aller mal dans les moments durs aide à rebondir !

Lorsque la vie se complique, avancer, libérer sa tristesse et savoir bien s'entourer sont les trois clefs !

3

Le caméscope et la découverte de la caméra

une première révélation

J'ai une dizaine d'années quand le caméscope entre dans notre vie de famille. Il appartient d'abord à ma mère qui, après le divorce, veut continuer à nous filmer, à l'instar de mon père qui, lui, nous photographie beaucoup (c'est un amoureux de la photo qui nous transmettra son amour pour l'immortalisation des images). Mais très vite la « caméra de maman » devient « notre caméra » ! Avec mon grand frère Mathias, on s'empare de cet objet sans soupçonner à quel point il va devenir important. C'est probablement lui qui nous a offert nos plus beaux fous rires d'enfance ! Il faut se replacer dans le contexte de l'époque : ces caméras portatives et numériques sont, avant l'ère des smartphones, une petite révolution pour les vidéastes amateurs. Et puis c'est la période où la comédie des Nuls, *La Cité de la peur*, sort au cinéma. Avec ses répliques culte « Prenez un chewing-gum, Émile ! », « Tu bluffes, Martoni ! » ou encore « Sais-tu danser la Carioca »... C'est la grande époque Canal+, celle aussi des Inconnus et des vidéo gags avec les journalistes qui foirent leurs interviews.

Avec mon frère, on adore cet humour décalé. On passe des journées à écrire nos scénarios, que l'on met ensuite en scène. On crée notre rubrique télé « Info Marquisette » où l'on joue des journalistes ultra-gaffeurs. On est hyper autonomes dans cette nouvelle passion, autodidactes dans l'âme, nous apprenons à manier ce nouvel engin très rapidement : on choisit le bon angle, on lance la caméra et on efface la bande de la cassette (oui oui, une cassette !) quand le rendu ne nous plaît pas.

Maman aussi est mise à contribution, elle tient la caméra pour mes spectacles de danse à la maison que je fais principalement avec ma cousine Fanny. C'est ma seconde passion ! Je suis fan absolue des Spice Girls, de Céline Dion ou plus tard de Lara Fabian, pour vous donner une idée de ma bande-son… Le soir, on se repasse nos vidéos, et on rit de nos bêtises tous ensemble. **Le caméscope, c'est surtout ce plaisir de partager de bons moments en famille.**

Quand j'y repense, elle a une patience d'ange !

Et cela ne m'empêche pas du tout d'avoir confiance en moi !

Très jeunes avec mes frères on a appris le second degré à l'extrême et à rire de tout. C'est, comme souvent, l'arme redoutable des sensibles. En tout cas, c'est notre façon à nous de désamorcer certaines situations. Je me souviens par exemple de ce jour où mon frère se fait gentiment chambrer pendant une partie de foot à Breil avec ses baskets trouées. Et de sa riposte : « C'est la nouvelle Nike Air avec des trous d'aération ! » Moi-même j'ai mes chaussures Decathlon aux pieds, et je trouve ça très bien. Les filles populaires parlent de leurs dernières chaussures à la mode, de leur blouson Scott, moi je ne suis pas du tout là-dedans. Je ne suis pas populaire, et je ne rêve pas de l'être.

J'ai de la chance d'avoir des parents qui ont su trouver les mots pour me donner cette confiance. Depuis l'âge le plus tendre, ma mère me répète souvent cette phrase : « Même avec un sac poubelle sur la tête, tu seras belle. » Bon d'accord, la métaphore peut vous paraître étrange, mais la petite fille que je suis saisit très exactement le compliment. À la sortie de mes spectacles de danse, mon papa dit aussi des choses comme : « Tu rayonnais, on ne voyait que toi. » J'ai beau être très introvertie, très timide à l'époque, quand je me retrouve sur scène, je suis super à l'aise, je n'ai plus aucune timidité. La danse, cela a toujours été un pilier pour moi. J'en ai fait de mes 5 ans à 25 ans, et de tous les styles différents. J'ai même monté ma troupe à un moment, avec ma cousine Fanny ! Elle s'appelait « Ange ou Démon », et c'est très étrange car à l'instant ou je l'écris, je fais le lien avec le titre de cet ouvrage et en effet… tout colle ! Ce n'est pas pour rien que ce nom de troupe m'était apparu comme une évidence.

La danse, c'est une façon de m'exprimer, de m'exposer au regard des autres. Je remercie aujourd'hui mon père et ma mère d'avoir prononcé ces mots qui ont contribué à faire de moi une femme forte. Souvent, on dit aux gens de pas trop en dire. Mais je ne crois pas qu'il faille taire ces compliments, par peur de « donner la grosse tête » ou suivant des principes éducatifs qui voudraient toujours mettre la barre plus haut.

Ces mots qui ont émaillé mon enfance sont comme des petits cailloux sur le chemin de ma confiance en moi. En me sentant la meilleure et la plus belle aux yeux de mes parents, eh bien, je me sentais belle et forte en toutes circonstances. La force des mots prononcés au bon âge est incroyable. Je dis « la force des mots » mais un regard confiant est tout aussi parlant et porteur pour un enfant. La vie se charge après, de toutes les façons, de vous donner des épreuves.

Autant partir avec un bon bagage de **confiance en soi** *pour mieux affronter les moments difficiles !*

Depuis que mes enfants sont petits, j'ai toujours pour eux ces mots-valises remplis d'amour et de confiance en eux. J'essaie de toujours leur donner cette sécurité. Cela ne les empêche pas bien sûr de vivre les incertitudes de l'adolescence, mais ils ont des bases solides sur lesquelles se construire. Nous y veillons chaque jour avec Loïc, car c'est aussi une valeur que nous partageons tous les deux : l'importance de dire les choses.

Évidemment, il y a aussi des mots malheureux. Être parents, on ne va pas se mentir, c'est faire le mieux que l'on peut, pas forcément être parfaits. Ainsi, mon père, tout en me disant que je suis la plus belle, est capable à la fin d'un autre spectacle de me dire : « C'était très bien mais tu ne souriais pas assez. » Je peux vous dire que pendant les vingt ans de danse qui ont suivi, j'ai été celle qui souriait le plus ! Tous les membres de ma famille ont eu des paroles, parfois dures, qui ont trouvé écho en moi. Je suis certaine que c'est votre cas aussi. Mon père, ce jour-là, a vu une faille que j'ai aussitôt comblée.

Il n'en fallait pas plus pour réveiller en moi **la solaire Roxane !**

Quand je rembobine le fil de mon histoire, cette période est une des plus belles de ma vie. Ce caméscope, avec la danse, les jeux de société, les moments passés avec mes cousines, ma famille et bien d'autres choses aussi m'ouvrent les portes de l'imaginaire, de la fantaisie, de la créativité.

Ce qui se fait aujourd'hui sur YouTube, on le faisait à notre façon du haut de nos 10 ans et plus !

À l'époque, je ne le sais pas encore, mais nous sommes en train de semer la graine d'une vocation qui se réveillera bien plus tard. Ces images sont des bulles de champagne quand je les revois : je ris tout autant maintenant que lorsque je les visionnais le soir avec ma mère et mes frères. Aujourd'hui, en plus de YouTube, je filme tout, mes enfants, mon chat (et avant lui, mon chien), sans oublier mon mari ! J'ai mes petites archives vidéo. On se fait nos DVD souvenirs, on se les repasse souvent en famille le soir, façon soirée diapositives. Et cette fois, c'est avec eux que je ris. Je pleure aussi parfois en voyant le temps qui passe si vite. C'est si important, tous ces films. Je suis sûre que ça permet de conserver des souvenirs qui auraient été oubliés. Même si certains souvenirs, clairement, tu préférerais les effacer… Comme cette adolescence qui se profile pour moi, dont je vais pour la première fois vous confier la part la plus sombre.

Les leçons à en tirer :

→ Cet outil formidable pour s'amuser qu'est le caméscope m'ouvre un nouveau monde : parfois, des passions comme la danse ou les vidéos peuvent transcender la timidité.

→ Mes parents savent trouver les mots qui me donnent confiance en moi. Je fais du YouTube avant l'heure en créant des super souvenirs en famille… C'est cette enfance qui a forgé celle que je suis !

Dites à vos enfants, à vos proches, combien vous les aimez et combien ils peuvent être fiers d'eux : vous n'imaginez pas à quel point c'est précieux !

4 La relation toxique

Ce chapitre de ma vie n'est pas le plus facile à écrire. Je dirais même que c'est le plus difficile, car les années d'adolescence ont été pour moi synonymes d'une relation toxique, violente, avec mon premier amour.

Enfin, je pensais que c'était de l'amour...

Si je décide aujourd'hui de me confier à vous sur cet épisode de ma vie, qui a duré de mes 13 à mes 18 ans, c'est parce que je crois profondément en la valeur du témoignage. C'est le sens de mon engagement et de ce que je partage sur les réseaux. Pour ceux qui me suivent depuis longtemps, vous savez que je ne dirai jamais « faites ceci, faites cela ». En revanche, je vous parle volontiers de mes expériences, positives comme négatives, des outils qui ont pu m'aider. J'aime l'idée de partager des pistes de réflexion pour avancer ou se poser les bonnes questions. À chacune et à chacun ensuite de faire son propre chemin, de trouver les réponses qui lui conviennent. Pourquoi maintenant ? Parce que je me sens prête, parce que je n'ai plus honte, parce que je n'ai plus peur.

Je suis persuadée que c'est de la mise en commun de nos expériences que l'on tire notre **force individuelle et collective.**

C'est donc en petite fille modèle que j'entre dans l'adolescence. Jusqu'à mes 13 ans, je n'ai pas un mot plus haut que l'autre avec mes parents. Mais les hormones sont à l'œuvre. Et je passe mon année de quatrième à chercher quel est le problème, alors que, clairement, sur le papier, je n'en ai pas. C'est comme si je cherchais un moyen d'exister auprès de mes amies. Allez savoir pourquoi, j'ai l'impression qu'elles ont toutes une vie de fou.

J'ai un an d'avance depuis le début de ma scolarité, mais cette année-là, la différence d'âge avec les autres élèves se fait particulièrement sentir. Je me retrouve dans une classe très turbulente. **Je veux leur ressembler !** Je tanne soudain ma mère pour qu'elle m'achète un pantalon « Pussy », avec un chat en bas du dos, alors que jusque-là je me fichais pas mal des marques. Je commence à mettre du mascara, à me préoccuper de mon apparence…

Pour résumer, je bascule dans une bonne vieille **crise d'adolescence.**

Elle a alors les contours d'une crise très classique. Quand je vois aujourd'hui à la télé des programmes comme « Pascal, le grand frère », c'est exactement ça ! Tu aimes profondément tes parents mais tu souffres de ce que tu es, des interdits, tu veux repousser les limites. Je me sens comme un boulet pour toute ma famille. Je suis hyper mal mais je n'arrive pas à en parler, à mettre des mots sur ce que je vis. À la maison, je commence à me replier sur moi-même, à écouter des musiques tristes dans ma chambre. J'écoute en boucle l'album *Pure* de Lara Fabian. Je partage aussi moins de moments avec mes frères. Je suis capable de raccrocher au nez de ma mère quand elle m'appelle (sur mon Nokia 3310, mon premier téléphone portable !), et que je refuse de lui dire où je suis.

Encore aujourd'hui, si je l'entends à la radio, je replonge direct dans cette époque !

Le fossé se creuse définitivement quand je rencontre celui que je désignerai ici par la lettre « M ».

M comme mauvais souvenir, mauvais choix, mauvaise piste. Ma relation toxique.

« M veut sortir avec toi » : Aurélie (qui deviendra une de mes meilleures amies bien plus tard) me glisse ce petit mot lors d'un cours de maths. Sur le moment, je tombe un peu de ma chaise, tant on est opposés. Lui, c'est le populaire du collège, le bagarreur, le *« bad boy »* qui rassemble tout un petit fan-club autour de lui dans la cour. Tout ce que je déteste ! Il est un peu plus âgé aussi, de deux ans. Moi, avec mes 13 ans, mon appareil dentaire et ma timidité chevillée au corps, je me dis pourtant : « pourquoi pas ». J'ai déjà eu des amourettes… Rien de sérieux, pas même un bisou, mais en tant qu'hypersensible, des histoires qui ont beaucoup compté pour moi. Je m'embarque dans cette histoire avec, dans la tête, cette idée que le premier garçon serait aussi le père de mes enfants. J'ai cette envie-là de ne connaître qu'un seul amour. Je suis totalement fleur bleue, alors que mes parents ne m'ont pas du tout inculqué ça. Avec le recul, je pense que je cherchais encore à plaire à ma grand-mère maternelle. Elle vivait avec ma tante, qui était mariée au même homme depuis ses 17 ans, et j'avais l'impression que c'était l'exemple qu'elle voulait qu'on suive. Cela semblait si beau, si lisse… Je voulais suivre ce même chemin.

Après ce message, on n'est pas tout de suite sortis ensemble. **Je vous rappelle que je suis très timide, derrière mes airs d'ado torturée et rebelle !** Vient quand même le moment du premier baiser, ce premier baiser que personne n'oublie jamais. Pour moi, il s'est fait… un peu comme si je n'avais pas trop eu le choix. Il y a certes l'idée, qu'on a tous eue à ces âges-là, « il faut que je le fasse, c'est un cap à passer, au moins ce sera fait ». Mais ce n'est pas seulement cela. À l'époque, on traîne après le collège au square des États-Unis, qui a bien changé depuis. On est là, à papoter sur un banc, quand une copine me dit : « M t'attend derrière l'ascenseur. »

En l'écrivant, avec ces mots, je me rends compte que, déjà, quelque chose clochait dans la formulation. Ce sont des habitudes de bande qu'il faudrait fuir comme la peste. Là où ça ne va pas non plus, avec le recul, c'est le « derrière l'ascenseur ». Autant dire l'endroit le plus glauque du parc : celui où se retrouvent les toxicos, pour vous donner une idée.

On comprend plus tard qu'il n'y a pas meilleur messager que soi-même, surtout quand il s'agit d'amour !

Si je m'étais **vraiment** écoutée, je ne l'aurais pas embrassé. Ce premier bisou, pour reprendre un terme enfantin, ce n'était pas ce que je voulais, ce n'était pas comme je voulais, ce n'était pas comme je l'imaginais. Déjà, là, un premier imaginaire s'effondre et je commence à faire quelque chose que je n'ai pas envie de faire. Pour notre « première fois », un an plus tard, ce n'est pas beaucoup mieux. Cela se passe dans une soirée avec des amis, à la va-vite dans une pièce, pas vraiment l'atmosphère dont je rêvais pour franchir le pas. Là encore, il y a ce gimmick de se dire, « au moins, c'est fait ».

C'est fou la force des **injonctions invisibles !**

Ma maman m'avait pourtant dit ces mots du langage des mères sur la « première fois » : « Il faut que tu te sentes prête, si tu peux être amoureuse, c'est encore mieux, et le faire que si tu en as envie. » Ce soir-là, je n'en ai pas envie mais je ne dis pas non, je ne m'écoute pas. Je ne mesurerai que plus tard l'impact de toutes ces fois où mon « non » n'a pas été dit ou entendu.

Et pourtant, dans mon journal intime, je raconte ces premières fois comme merveilleuses. Mon écriture est très belle, très calme, et mon histoire, écrite à l'encre bleue, idyllique. C'est aussi le récit que j'en fais à ma mère, à qui je parle librement de toutes ces choses-là, dans la cuisine le plus souvent. Je lui dis que c'était génial, magique. Je rentre dans une histoire et le seul moyen de m'en sortir, du moins c'est ce que je pense alors, est de mentir. Et ça va durer bien des années...

Je me mens *à moi-même et aux autres. Y compris aux personnes les plus proches de moi.*

Toute mon adolescence, il en sera ainsi, dans cette double réalité. Ou plutôt ce grand écart permanent, entre la vie telle que je la vis et celle que je laisse voir à l'extérieur. Permettez-moi là un petit aparté : les pièges des réseaux sociaux, je les ai vécus bien avant l'heure, comme vous le voyez. **Les mensonges, les faux-semblants, les images de surface, j'ai donné adolescente, et pour rien au monde je ne revivrai cette distorsion de la réalité qui ne mène qu'à une seule chose : une impasse.** Alors, oui, je suis sur les réseaux telle que je suis dans la vraie vie. Plus jamais on ne me reprendra à ce jeu-là. Fin de l'aparté !

Et je me demande si, finalement, cette double réalité n'est pas ce qui m'a sauvée. Ce détachement, cette fausse vie à laquelle je me rattache et à laquelle JE CROIS. Mes mensonges ne sont pas qu'une illusion, ils sont bien réels pour moi et sont comme les œillères qu'on met aux chevaux pour restreindre leur vision. Pour avancer, je restreins la perception que j'ai de ma propre vie.

Avec le recul, il y a dès le début de notre relation quelque chose qui ne va pas. Je ne m'écoute pas ! À un point qui dépasse la fébrilité des premières fois. Entre nous, les choses vont vite se dérouler sous le signe de l'emprise. Au bout de quelques semaines, il me confie son histoire, qu'il vient lui-même de découvrir. Elle lui appartient, et je me contenterai ici de dire qu'elle est de celles qui détruisent une enfance, qui sont une bombe à retardement. De mon côté, elle réveille ma crainte de voir les gens que j'aime souffrir : je veux et je dois l'aider.

Je n'ai alors qu'une obsession, le sauver... Je me répète en boucle « si, moi, je l'abandonne, qu'est-ce qu'il va devenir ? ». Très vite, je comprends que si je parle de tout ce contexte à ma famille, on va vouloir m'éloigner de lui. Or c'est trop tard, je suis folle amoureuse de lui.

Je ne porte pas plus d'attention que cela aux premières disputes. Les discussions s'enflamment vite. Il est en colère contre le monde entier. Avec ce qu'il a vécu, je me dis qu'il faut lui laisser le temps de digérer... Un jour pourtant, il monte d'un cran. La première gifle tombe, en public, un jour où on traîne en bande au square des États-Unis. Il est de plus en plus jaloux de mon rapport aux autres garçons. Ayant grandi avec des frères et peu d'amies filles, je suis très à l'aise avec les mecs.

Je peux être tactile, mais comme une copine, je me sens l'une des leurs ! Quand cette première gifle claque, je reste sans voix. Ce jour-là, ma cousine Christelle est là. C'est elle qui réagit, qui explose, me prend par la main et dit : « On se casse ! » Ma première réaction à moi est de me demander : « Mais qu'est-ce que j'ai fait ? » Mon premier réflexe, dans ma tête d'ado, est de me dire qu'« il faut que j'aille le voir et que je m'excuse ».

Rien ne justifie de tels actes !

En aucun cas, on ne doit des excuses. Une personne violentée est une victime, un point c'est tout.

Après cette scène, ma famille est au courant du caractère plus que volcanique de mon petit copain, mais sans jamais savoir qu'il avait été violent AVEC MOI. À partir de là, il devient le vilain petit canard dans la maison familiale de ma grand-mère, moi qui aurais tant voulu qu'il soit intégré, comme les petits amis de mes cousines. Je me retrouve assez seule dans cette histoire, qui connaît pourtant une première pause de six mois. Le soir même de cette première « crise violente » il y a un bal d'été à Menton. C'est lui qui me quitte et sort dans la seconde avec une autre fille, devant moi évidemment. La séparation est violente. Pour moi, c'est l'homme de ma vie et je navigue durant cette période avec la conviction que je vais le retrouver.

Je vais sur mes 14 ans quand on se remet ensemble. Le soir même où il quitte sa copine, il m'appelle pour me dire qu'il est en bas de l'immeuble. Ma mère me met en garde car elle m'a vu souffrir pendant ces six mois, mais je descends direct, j'accours même !

Et notre histoire repart. Très vite, c'est une relation encore plus compliquée qu'avant. Et la deuxième gifle ne tarde pas à venir. Mais cette fois-ci, elle est réfléchie, volontaire et douloureuse.

Je me souviens encore de sa puissance, des oreilles qui bourdonnent, du goût du sang dans la bouche.

On est de sortie avec sa famille dans un parc d'attractions du coin. On déjeune d'un steak-frites. Il me parle tellement mal, devant sa mère, que je me lève pour aller pleurer à l'abri des regards. Il me rejoint, furieux, vous savez la suite. Sidérée, je le regarde me tendre un Kleenex : il ne veut pas que sa mère voie que j'ai saigné du nez. Nous n'échangeons pas un seul mot. Je ne sais pas l'expliquer… Intérieurement je me dis que j'en fais des caisses, que je l'ai bien cherché, que je le mérite ou même que j'exagère l'impact de ce geste, pour me faire passer en victime. Je me détache complètement de ce moment, comme si j'étais spectatrice de cette vie qui m'échappe mais dont je refuse de perdre le contrôle. Je retourne m'attabler comme si de rien n'était. Du haut de mes 14 ans, je me dis : « C'est bon, tu as mis les pieds dedans. » J'ai pleinement conscience de ne plus pouvoir faire marche arrière. Le mécanisme est bien en place : je ne peux m'empêcher de penser que s'il est en colère, c'est que j'ai mal fait. Et puis je suis très amoureuse de lui, et je me dis qu'il a vécu tellement de choses horribles dans sa vie que, forcément, il ne peut qu'être violent.

La violence rythme ainsi toute notre relation. Il y a la violence physique, qui me fait mal, et la violence psychologique, qui me brise. Je vais avoir le droit à un lavage de cerveau qui durera cinq ans, pendant lequel je serai rabaissée en permanence. Les paroles que mes parents me soufflaient enfant ont du mal à se faire un chemin dans mon esprit tant les siennes sont puissantes.

Parfois, je perçois de la tendresse, je vois sa souffrance, je l'entends, je la sens, et un seul mot doux suffit pour me dire : « Ça y est, il a compris ! Il va changer. » Mais jamais le changement n'a opéré. J'acceptais cette violence car sa souffrance me paraissait beaucoup plus forte que la mienne, il en avait presque « besoin » et c'était inévitable pour qu'il aille mieux.

Je continue à croire que le problème, c'était moi, j'espère que jamais plus la violence ne l'a habité, que personne d'autre n'en fait les frais, qu'il m'a rencontrée au mauvais moment et que quand il me regardait, il ne voyait que la confession qu'il m'avait faite.

Tout va crescendo au cours de mes années lycée, avec parfois des périodes d'accalmie, comme lorsqu'on s'installe en coloc avec notre meilleur ami « T ». Lui seul sait trouver les mots pour le calmer. Il est plus âgé que nous et travaille déjà. Il prend ma défense quand « M » a des gestes ou des paroles ultra-violentes, alors que tous les autres ont peur de lui ou ne mesurent pas l'impact de ses mots et gestes (quand ils en sont témoins). Malheureusement, « T » aussi avait ses démons. Sa mort est un séisme dans nos vies... **On formait un beau trio qui s'est éclaté sur le mur de la drogue.**

Quand je vois les ravages qu'elle a pu faire, je peux vous dire que je m'en suis toujours prémunie. Pourtant, je l'ai souvent côtoyée de très près. Mon père m'avait toujours dit : « Tu mets une fois le nez dedans, tu en as pour toute la vie. » Ce discours de prévention m'a sauvée. Si, à la dépendance amoureuse, j'avais ajouté une autre dépendance, ça aurait été terrible. C'est d'ailleurs un sujet dont je parle très librement avec mes enfants.

Après la mort de « T », « M » s'installe un temps avec moi chez mon père. À cette époque, comme je vais bientôt vous le raconter, maman est partie vivre aux États-Unis. L'un et l'autre ne peuvent soupçonner l'ampleur de ce que je vis et je ne veux surtout pas qu'ils le devinent ! Je voulais là encore protéger mes parents de la peine qu'ils auraient en l'apprenant, et j'avais peur qu'on me force à quitter « M » ! L'emprise était si forte que j'étais persuadée de mourir s'il ne faisait plus partie de ma vie.

Et en écrivant ce chapitre, je ne veux culpabiliser personne **car je ne vous laissais rien voir...**

Je continue la danse, je ne maigris ni ne grossis, je donne le change. Et lui sait faire profil bas quand il le faut. Aux repas de famille, j'enjolive tout, j'invente des lettres d'amour, des sorties en amoureux, je suis plus que jamais la solaire Roxane. Je suis dans un déni total de ce que je vis. Ou plutôt sous emprise totale, sans plus de lucidité.

Pour vous dire : je m'engage même auprès d'Amnesty International pour aider les femmes battues, sans me sentir concernée le moins du monde ! « M » a pourtant de plus en plus de mal à contenir sa violence. Mais je suis toujours là, à subir, à lui courir après lorsque des passants tentent de s'interposer. Ma vie tourne autour de lui et ma seule hantise est qu'il me quitte. Encore et encore, je me sens responsable de cette violence. Je ne fais plus alors la différence entre le bien et le mal.

Il faut avoir suffisamment d'estime de soi pour se dire :
« Mais en fait je n'ai rien à me reprocher, il n'y a rien qui justifie ça. »
À l'époque, je ne m'accorde plus aucune valeur.

Qu'est-ce qui me fait sortir de cette relation toxique ? Un soir, en boîte de nuit, je le vois gifler ma meilleure amie. Cela me fait l'effet d'une claque : c'est comme si je me voyais moi en train de subir toute cette violence. C'est le déclic, le début d'un long processus. Je comprends qu'il a un problème de violence avec toutes les femmes, mais surtout je percute que ce n'est pas sain. Pour la première fois, j'arrive à regarder notre relation de l'extérieur, à décaler mon regard.

Ce soir-là, je commence à ne plus l'aimer, à ne plus avoir de compassion pour ce qu'il a vécu. **Surtout, je commence à voir les mains tendues.** Jusque-là, je m'étais interdit toute aide extérieure.

Je pense que c'est de là que venait ma faiblesse, et que vient la faiblesse de beaucoup de femmes sous emprise. Dans le meilleur des cas, on voit les mains tendues, mais on ne veut pas les attraper. Car cela fait peur, aussi, de sortir de là. On se dit : « Elle va m'aider, cette main, mais est-ce qu'elle sera encore là, après, pour me soutenir ? » Une relation comme celle-ci, on n'en sort pas du jour au lendemain. Il y a tout un schéma de pensée à changer.

Si tu n'as pas cette aide extérieure, je ne crois pas qu'il soit possible de sortir seule d'une relation toxique. On a beau trouver de la ressource en soi, c'est cette aide qui empêche de retomber dans les vieux démons, qui secoue à chaque moment de faiblesse. Les aidants ont ce rôle-là. Je pensais, à tort, qu'il fallait une main hyper-solide pour me sortir de là, pour tenir. Mais si tu prends dix mains un peu frêles, tu arrives à t'en sortir. Pour moi, il y a eu, entre autres, celle de ma meilleure amie et celle de Loïc (car oui, il arrive bientôt dans l'histoire).

C'est pour cela qu'il est ***primordial*** *de se faire aider, accompagner, que ce soit par une association, un groupe de femmes, la famille, les amis…*

Les leçons à en tirer :

→ Le premier coup, c'est le coup de trop ! Il faut déposer plainte et se faire aider pour se détacher de cette emprise psychologique.

→ Un coup, c'est impardonnable. Si on pardonne la première gifle, c'est trop dur de faire marche arrière par la suite.

S'en sortir, c'est accepter les mains tendues, même si elles ne sont pas hyper solides.

Si on saisit dix mains, même un peu frêles, on arrive à s'en sortir.

Besoin d'aide ? Témoin de violences ?

Voici quelques sites et numéros qui sauront te tendre la main :

arretonslesviolences.gouv.fr

Violences Femmes Info :

☎ 3919

numéro spécialisé dans les violences faites aux femmes, anonyme, gratuit et n'apparaissant pas sur les factures et relevés d'appels

Une des associations du réseau France Victimes :

☎ 116 006

(appel gratuit), sur **www.france-victimes.fr/** ou sur l'application **Aidez-moi !**

Le Centre d'information des droits des femmes :

☎ 01 42 17 12 00

ou sur **fncidff.info/**

App-Elles® :

application mobile solidaire des femmes victimes de violences

Non au harcèlement

☎ 3020

appel et service gratuit

parcours-victimes.fr

qui vous guide à chaque étape

SOS homophobie

sos-homophobie.org, ligne d'écoute anonyme au

☎ 01 48 06 42 41

Numéro national pour les victimes de violences numériques

☎ 3018

anonyme et gratuit

5 Le départ de ma mère

Le départ de ma mère pour la Californie, je peux le raconter à la minute près. Nous avions passé la journée dans la maison familiale de ma grand-mère. Un voisin est arrivé pour l'emmener à l'aéroport avec mes frères. Je la vois monter dans la voiture, et là je me dis : « Elle se barre, elle y va, elle ne recule pas. » Nous nous étions promis de ne pas pleurer, et voilà que nous éclatons en sanglots. Puis, comme dans un bon mélodrame, je me revois toute seule, au bord de la route, la voiture filant vers l'horizon avec mes frères faisant de grands gestes à l'arrière pour me dire au revoir. Je vais me retrouver seule sur le bord de la route. Sans maman, sans mon grand frère, sans mon petit frère.

Une sacrée force de caractère, ma mère, **vous voyez que j'ai de qui tenir !**

Comme je vous le disais, j'ai très souvent l'impression d'être spectatrice de ma vie, Comme si, pour me protéger, rien n'était vraiment réel ou grave. Mais là, à ce moment précis, je prends conscience de la réalité de la chose. Et je suis seule. Jusqu'à la dernière minute, ma mère a pensé que je me joindrais à eux dans cette nouvelle vie outre-Atlantique. **Mais je suis trop engluée dans ma relation toxique pour imaginer, ne serait-ce qu'un instant, le grand rêve américain.**

Sa rencontre avec Wesley, l'homme qu'elle va rejoindre à El Centro, a lieu l'année où je rencontre le garçon dont je vous ai parlé au chapitre précédent. (Oui, une belle année pleine de rebondissements !) Il vit dans une ville proche de la frontière mexicaine, autant dire à mille lieues de Menton, où il n'est encore jamais allé... Tout comme ma mère n'a jamais mis un pied sur le sol américain et encore moins sur la côte Ouest ! En ce début des années 2000, ce sont les premiers échanges Internet, les premières rencontres virtuelles. Maman apprend à parler anglais, elle tchatte sur Caramail... **c'est un peu le Tinder de l'époque, même si je pense qu'elle n'aimerait pas la comparaison !** Elle ne cherche pas particulièrement à rencontrer quelqu'un. Mais très vite, les échanges mails se transforment en longues discussions au téléphone. Avec mes frères, on rit de l'entendre parler anglais. Et on observe, de loin, l'amour grandir entre eux, au cours de son premier voyage seule là-bas.

Un jour de 2003, elle nous annonce tout à trac qu'ON part en Californie. Elle est comme ça, ma mère, quand elle prend une décision, c'est irrévocable et tout de suite. Que ce soit pour aller se faire couper les cheveux, divorcer de mon père ou rejoindre à l'autre bout du monde l'homme qu'elle aime passionnément. Évidemment, moi, déjà enfermée dans cette relation toxique, la question du départ ne se pose même pas. Je suis encore dans cette double réalité, avec cette impression que cela ne se produira pas, ou que j'en fais des caisses pour pas grand-chose. Alors, une fois de plus, sans m'en rendre compte, je me détache, je m'éloigne.

Je suis déchirée à l'idée d'être séparée de mes frères, **mais je ne veux pas partir.**

Je dédramatise et je minimise l'impact de ce changement de vie. En fait, c'est ça ! La tristesse me fait tellement peur que je préfère trouver du positif là où je devrais accepter la dureté des choses. Mais je ne le comprendrai que bien plus tard. Au début, le sujet est très conflictuel avec maman. Elle veut me convaincre, elle déploie une panoplie d'arguments pour me dire que je passe à côté d'une expérience de vie. Sans compter les progrès que je ne manquerais pas de faire en anglais.

Je ne cède pas, plus que jamais forte tête. Cette force ne vient pas de moi, elle vient de l'emprise de « M » et de mon angoisse de m'en éloigner. Cette force vient aussi de l'amour que je porte à mon papa : impossible pour moi d'envisager de le laisser seul. Alors, ma mère essaie un temps de me forcer à partir, avant de comprendre que si je viens à contrecœur, ça sera une horreur pour tout le monde. Et puis elle imagine revenir à toutes les vacances scolaires, elle se dit que ce serait comme une garde alternée à l'envers.

La relation à distance s'installe avec les premières webcams. L'image est très sommaire, on ne voit pas grand-chose, mais j'ai l'impression de vivre un peu avec eux. **Il ne se passe pas une journée sans que j'aie un mail, des nouvelles.** Avec ma mère, on a un rituel, on s'appelle tous les dimanches soir. On reste littéralement des heures accrochées au téléphone, à se raconter nos vies, enfin, moi, ma fausse vie. Cela rend mon père complètement dingue, et moi… j'ai des crampes !

Il faut dire que nous n'avons pas encore de téléphone sans fil ;-)

Et puis je vais leur rendre visite avec ma cousine Fanny. C'est la première fois que je prends l'avion, je réalise ce voyage grâce à un ami de longue date de maman, Vincent. Il connaît nos difficultés financières et prend tout en charge pour rassembler la famille… J'adore tout ce que je découvre : la vie américaine, le Mexique, les frigos immenses, les bouteilles de limonade de trois litres, tout est totalement démesuré !

En Californie

Il y a aussi de fabuleux colibris dans le jardin, et tous ces parfums enivrants... Wesley est un ours, dans le bon sens du terme, qui prend son rôle de beau-papa très à cœur et apporte beaucoup d'amour à ma mère.

Après ce séjour, ça a été plus facile pour moi de me projeter dans leur vie, là-bas. Je peux enfin fermer les yeux en les imaginant dans un contexte que je connais. Autant j'ai beaucoup souffert le jour du départ, autant je compose plutôt bien avec leur absence. Lorsque ma mère décide de partir, rien n'allait plus entre nous.

Je suis en totale rébellion adolescente. J'étais tellement proche d'elle auparavant que je souffre, tout comme elle, de cette relation où l'on s'éloigne un peu. Dans ma tête, je me dis alors que ce départ est peut-être un mal pour un bien, que l'on va en sortir plus fortes toutes les deux. Un départ pour mieux nous retrouver ! Et de fait, il se révèle tout de suite bénéfique pour notre relation. Tout a un sens dans un parcours de vie. Je ne me suis jamais sentie délaissée par ma mère. Je n'ai jamais pris non plus son départ comme un abandon, contrairement à ce qu'a voulu me faire croire mon copain de l'époque. **Il n'a jamais eu d'emprise sur moi sur ce point.**

Je mesure aujourd'hui à quel point cela a dû être difficile pour une mère de laisser sa fille.

Moi, je n'ai pas vécu avec ma mère de mes 15 à 18 ans mais j'ai approfondi ma relation avec mon père et partagé des moments inoubliables avec elle et mes frères en vacances.

Mes années de lycée se passent ainsi, dans cette nouvelle équation familiale. Entre-temps Mathias, mon grand frère, décide de rentrer à Menton pour venir vivre avec mon père et moi. Un passage très heureux car je le retrouve, mais c'est aussi très angoissant pour moi d'imaginer Yoan « seul » là-bas.

En terminale, j'ai 17 ans, je sens que maman amorce l'idée de revenir. Il y avait, dès le début de leur histoire, le projet que Wesley vienne vivre à son tour à Menton.

Mais il est paraplégique, et on s'est rendu compte, pour l'avoir expérimenté avec lui un été, que rien n'est vraiment adapté à Menton pour les personnes en fauteuil roulant. Rien que monter un trottoir, c'est difficile… Dans sa ville américaine, tout est plus simple. Peu à peu, ma mère prend conscience qu'elle ne pourra pas vivre avec lui à Menton, et elle commence à souffrir de la distance. Elle se retrouve à El Centro avec l'homme qu'elle aime, mais dans un pays où elle ne peut pas travailler, où elle est mère au foyer par défaut et financièrement dépendante, tout ce qu'elle a toujours détesté.

*Ma mère, c'est une téméraire, **une battante**, elle qui portait seule la maison avec trois enfants !*

Les finances commencent à poser problème. Elle ne peut plus revenir en France à toutes les vacances, or c'est sur cet équilibre que notre relation à distance s'est construite. Sa vie à Menton lui manque. Ma mère est revenue comme elle est partie : du jour au lendemain. Elle devait être là pour un été, elle n'a jamais refait ses bagages. La belle histoire d'amour avec Wesley ne se termine pas tout de suite. Elle espère qu'il fera le pas de venir en France, au moins pour une année. Longtemps, je crois, ils échangent des nouvelles. Toutes les deux, nous retrouvons notre relation fusionnelle, sans les tourments de l'adolescence. Je suis une jeune fille en devenir, pas encore sortie de ma relation toxique mais presque.

Les leçons à en tirer :

→ Parfois une séparation, même en pleine adolescence, peut s'avérer bénéfique.

→ La verbalisation est essentielle, et c'est ce qui nous a manqué : parler ouvertement et surtout ne pas avoir peur de dire ce que nous dicte notre cœur, c'est la clef.

→ Quand on garde tout, ça finit par exploser. Au lieu d'une simple blessure, on se retrouve avec un cassure parfois irréparable. Aujourd'hui, je préfère blesser plutôt que de garder les choses pour moi.

Le soutien de mon père

et le renforcement du lien maternel

Mes relations avec papa ont déjà été redessinées par le divorce. Je vous ai raconté cette première soirée, tous les quatre avec mes frères, lors du premier week-end en garde alternée chez lui. Et les nouveaux repères que nous avons pris très vite, tous ensemble. Mais cette fois, c'est différent : on se retrouve juste **TOUS LES DEUX.** Ce jour où maman part aux États-Unis avec mes frères, je me retrouve donc seule sur le bord de la route. Ma grand-mère, mes tantes et mes cousines sont retournées dans la maison familiale : nous sommes alors encore en froid, à cause de ma relation toxique. Je me sens si seule d'un coup. Je commence à descendre la route à pied, je sanglote tellement que j'appelle mon père au secours. Il vient illico en voiture à ma rencontre. À partir de ce moment-là, on a construit notre relation à deux.

Mon père a les mots pour consoler la Roxane en pleurs. Il me dit qu'il comprend combien c'est dur, que c'est aussi compliqué pour lui de voir s'éloigner ses fils. Avec ses mots, avec toujours beaucoup de retenue et de pudeur, mais des mots qui résonnent en moi. En fait, mon papa, il fait comme moi, il minimise les choses pour MON bonheur ! Même si cette situation doit être très difficile pour lui aussi. Il dit que nous allons nous rapprocher, vivre de bons moments ensemble, entre père et fille. Et de fait, nous allons nous tenir par la main dans cette épreuve, la transformer en quelque chose de positif. Papa ne me prend pas physiquement dans ses bras, ce n'est pas sa façon de communiquer son amour, mais ses mots me suffisent. Ils trouvent leur chemin en moi et forgent cette conviction qui va devenir une réalité.

C'est cool aussi d'être avec mon papa,
de pouvoir vivre cette vie avec lui.

Il est vrai qu'au début, je redoute un peu le silence de la maison, si calme sans l'effervescence de ma mère ou les jeux de mes frères. Surtout que, travaillant dans la cosmétique, mon père a des journées à rallonge, partant tôt le matin ou rentrant tard le soir. Il me laisse un petit billet pour être sûr que je mange à ma faim le midi. Je sens bien, au début, que c'est vraiment un papa célibataire ! Il a rencontré Valérie, ma belle-maman, mais ils ne vivent pas encore ensemble. Son repas favori, c'est le steak tartare écrasé à la fourchette avec un peu de sel, et go ! les assiettes sur la table basse. **Je n'ai pas de chambre non plus, je dors dans le salon dans un lit pliant.** C'est rudimentaire, mais cela me va très bien.

Tous les deux, nous prenons nos marques dans cette nouvelle vie. Nos petits rituels se mettent naturellement en place : le soir, après ma douche, je me fais une tresse (à cette période, c'est ma coiffure préférée) et je rejoins mon père devant la télé avec, immanquablement, un paquet de Pim's à l'orange. Je peux vous dire qu'il ne résiste pas longtemps à notre grignotage ! Les fois où je sors, je lui dis où je vais et à quelle heure je rentre. Je ne lui mens jamais (sauf sur la nature de ma relation toxique).

J'ai pu être difficile avec ma mère, dans le rejet complet de l'autorité maternelle. Mais ma crise d'adolescence stoppe net à son départ.

Mon cœur de maman d'aujourd'hui souffrirait sans doute de cette grande injustice, pourtant c'est vraiment ainsi que la Roxane d'alors ressent les choses. Je suis plus posée avec mon père, j'aide à la préparation des repas, au rangement, à la vie quotidienne...

Mon père est aussi plus strict que ma mère mais c'est finalement ce qui m'offre un parfait équilibre.

Je suis toujours enlisée dans ma relation toxique mais, du côté familial, je ne suis plus à rechercher l'isolement, à m'enfermer dans ma chambre en mode dépressif. Est-ce là encore la voix de la Roxane super-protectrice qui se fait entendre, sans que je le réalise consciemment ? Il est certain, en tout cas, que je trouve là une partition à ma mesure : je ne veux pas ajouter de couche de tristesse supplémentaire, mais voir au contraire le verre à moitié plein. Je veux assurer pour mon père, car j'ai conscience qu'il est tout seul avec moi, et que cela ne doit pas être facile tous les jours. Nos moments partagés sont simples et ultra bienveillants. Ces moments avec papa sont aussi doux que ma relation toxique est difficile. Il m'a sauvée sans même le savoir. Ce parfait équilibre m'apportait la force, l'amour et le soutien nécessaires. Nous créons un lien toujours aussi pudique mais très fusionnel. Il a réussi à me créer un cocon dans lequel je me sens parfaitement bien.

C'est la première fois que j'ai ma propre chambre !

Nous restons ainsi, père et fille, jusqu'à ce que Valérie, ma super belle-maman, vienne s'installer avec nous et jusqu'au retour en France de Mathias, mon frère aîné. Nous emménageons alors tous les quatre dans un grand appartement d'une résidence de Menton. Notre famille ainsi recomposée m'offre un cadre solide. Comme je le disais, cela fait partie des choses qui m'ont sauvée dans ma relation toxique. Quelque part, dans ces moments-là, je redeviens une enfant. Parce que finalement, je n'ai pas été enfant bien longtemps... Ce sera une angoisse grandissante à l'âge adulte, persuadée que mes enfants n'en seraient plus à l'âge de 13 ans.

Pour rien au monde, je ne manquerais un seul jour des vacances avec ma mère. Je n'ai pas besoin de les imposer à « M », qui fait déjà sa vie avec ses potes et quitte même la France pour « faire des rencontres d'un été ».

Mon père, qui a la grande classe, a toujours su s'éclipser sans m'en faire aucun reproche (alors que clairement, dans ces moments-là, il n'y en avait plus que pour ma mère !). Aujourd'hui d'ailleurs, je ferais sûrement les choses différemment, je prends conscience de la frustration que devait ressentir papa ! Là encore, il faisait passer mon bonheur avant le sien.

Lorsqu'elle revient me voir en France, ma mère n'a alors plus les moyens de nous emmener en vacances. Alors nos retrouvailles se font dans ce cabanon au fond du jardin de ma grand-mère, où nous vivrons telles des Robinsonnes. **Ce bout de maison, sans même une douche ou des toilettes, est notre petit paradis sur Terre** parce que nous sommes ensemble et Yoan jamais loin.

Avec maman dans le cabanon

Ces moments privilégiés avec ma mère font partie des **meilleurs souvenirs** *de cette époque marquée par ma relation toxique.*

Avec Yoan dans le cabanon

On se cuisine des pâtes au micro-ondes (il n'y a pas de cuisine non plus !), on passe des soirées entières à jouer au scrabble, à faire des puzzles. Toutes les deux, on est fans du film *Coyote Girls*, l'histoire d'une jeune serveuse américaine qui rêve d'aller à New York faire connaître ses chansons. On chante à tue-tête la BO dans la cabane, qui accueille aussi nos plus belles chorégraphies !

Nous redoutons chacune le moment de nous dire au revoir, alors nous profitons à fond, avec au-dessus de la tête cette épée de Damoclès de la date du départ, qui se rapproche chaque jour. Je peux vous dire que, depuis, j'ai toujours, inscrite dans ma chair, cette angoisse du temps qui passe trop vite, cette peur de ne pas assez en profiter. C'est un trait de caractère qui me coûte aujourd'hui : nous partons tous ensemble en vacances et, dès le premier jour, je ne peux pas m'empêcher de penser combien la fin va être difficile !

Apprendre à profiter de l'instant présent est un **incessant travail** sur moi.

J'ai mis en place des petites techniques pour ne pas me laisser noyer par « l'angoisse de la fin ». Quand je la sens poindre, je prends un long temps de respiration, comme pour me mettre sur pause. Je mets tous mes sens en éveil, à commencer par la vue, en mode panoramique : je prends bien le temps de regarder la scène que j'ai sous les yeux, avec tous les gens que j'aime autour de moi. Je peux vous dire que je replonge direct dans les délices du moment présent... jusqu'à la fois suivante ! Heureusement ces angoisses s'espacent avec le temps. J'apprends ainsi à apprivoiser cette petite voix dans ma tête, ce tic-tac qui me donne des sueurs froides. **Et aujourd'hui j'ai Loïc qui me ramène vite à la réalité** avec ses mots toujours justes...

Lorsque maman revient définitivement en France, il est déjà entré dans ma vie. Elle veut être présente pour m'aider à tourner la page de ma relation toxique (et pour jouer son rôle de grand-mère à venir... mais on en parlera plus tard !). Après sa parenthèse américaine, elle retrouve un petit appartement à Menton. Le temps vient bientôt pour moi d'écrire un nouveau chapitre de ma vie, forte de tous ces liens familiaux qui se sont renforcés dans toutes ces épreuves.

Les leçons à en tirer :

→ Me retrouvant seule avec mon père, je noue une relation encore plus profonde avec lui. En se tenant par la main, on se donne mutuellement de la force.

→ Savourer chaque moment est important mais cela ne doit pas devenir oppressant.

La vie m'a fait construire des relations fortes avec mes proches : c'est dans les moments difficiles qu'on mesure leur importance !

2 Partie

Le déclencheur et la naissance d'une vocation

Ma rencontre avec Loïc

Il est des rendez-vous qui sont comme des évidences. Deux trajectoires que l'on dirait faites pour se croiser, un jour dit, dans le grand jeu de la vie et du hasard. Loïc et moi, nous nous trouvons au rendez-vous de notre amour, un jour d'été. Sans deviner, l'un et l'autre, que dix-sept ans après nous serions toujours ensemble, à vivre cette aventure folle, merveilleuse, d'un amour qui grandit chaque jour un peu plus, dans les eaux claires comme dans la tempête. J'ai 18 ans, je viens d'avoir mon bac, je suis en train de me libérer doucement de ma relation toxique. Quelques semaines avant, je vivais ce déclic, ce retour à la réalité,

MA RÉALITÉ

Je suis sous l'emprise d'un pervers narcissique et si je ne fuis pas, je ne suis pas sûre d'y survivre. Mais fuir et se détacher sont sûrement les étapes les plus difficiles.

Loïc, lui, a 22 ans, il travaille déjà et a une histoire avec une fille de ma troupe de danse. Si bien que je laisse sans réponse ce premier message envoyé un soir où nous sortons tous ensemble en boîte de nuit : il voulait qu'on apprenne à mieux se connaître. Les semaines passent, et je le recroise un jour. Cette fois, il me demande mon MSN... pour un de ses amis à qui j'aurais plu. De mon côté, en pleine reconstruction, je n'ai encore jamais engagé de discussion avec un autre homme que « M », et mon défi à ce moment-là est de me faire violence et d'avancer. Alors je me dis « pourquoi pas ». Mais lorsque je me connecte, c'est Loïc qui me parle, non pas son meilleur ami. Eh oui, déjà son sens des surprises !

La messagerie instantanée d'avant les WhatsApp et autres Snap !

Au début, nous discutons par textes de chansons interposés. **Il n'y a rien qui me touche plus que ces mots, ces mélodies qui percutent l'âme et se forgent un chemin jusqu'à nos émotions les plus intimes.** Et avec Loïc, nous nous retrouvons là-dessus, comme sur mille autres choses. On se dessine une carte du tendre à coups de Jacques Brel et de Francis Cabrel. Dans nos refrains favoris, il y a le si beau : « Moi je n'étais rien, et voilà qu'aujourd'hui, je suis le gardien du sommeil de ses nuits, je l'aime à mourir. » Et aussi cette chanson de Maxime Nucci : « J'ai besoin d'elle, qu'elle me revienne, besoin qu'elle me dise je t'aime, besoin d'elle au rendez-vous. » Aujourd'hui, à chaque départ en vacances, nous avons notre playlist en voiture avec ces chansons de nos débuts. Je vois bien le sourire moqueur de nos enfants, mais la machine à remonter le temps fonctionne à plein. Nous voilà revenus aux premiers jours de notre amour.

Loïc est tout l'inverse des garçons que je connais alors, et qui veulent surtout s'amuser et profiter à fond de leur jeunesse. Lui est posé, gentil, et il se projette d'emblée dans l'avenir avec moi. À cette époque, ce n'est pas tout à fait le « Ninou » que ceux qui nous suivent sur les réseaux sociaux connaissent. À ceux qui s'interrogent, ce surnom est une déformation de *Monstres et Compagnie* que l'on adore tous les deux, dans lequel la petite Bouh, du haut de ses 3 ans, gazouille « Minou » pour appeler le gros monstre Sulli.

Son humour de dingue, Loïc le réserve à son cercle très privé. À bien des égards, il manque encore de confiance en lui, même s'il lui en faut une bonne dose pour venir vers moi. Menton étant une petite ville, ma relation toxique a fini par être connue de pas mal de monde. Mon sort était gardé bien secret mais son tempérament violent ne l'était pas. Aucun homme n'ose m'approcher, de peur de venir s'enliser dans cet enfer. Par crainte de mon ancien petit ami et de son goût prononcé pour la bagarre.

Loïc, lui, est venu en **preux chevalier**, *il a tenté sa chance ! Il ne fallait pas avoir froid aux yeux.*

Nos premiers rendez-vous sont cachés pour échapper aux pressions de mon ex. Cela donne une coloration très adulte à notre relation. Ce ne sont pas les débuts classiques d'une histoire, à se chercher et à se trouver doucement au milieu des amis. Pour notre première sortie en amoureux, Loïc sort le grand jeu. Enfin, il pense sortir le grand jeu, en m'emmenant à une heure de Menton dans un champ magnifique. Il a tout prévu, la grande nappe, le pique-nique, le cadre romantique. Tout, sauf ma phobie des sauterelles. Or dès que je pose le pied à terre, j'en vois des dizaines. Je n'entends plus qu'elles, ma vision se brouille. Je transpire à pleines gouttes tellement j'essaie de me concentrer et de ne pas céder à la panique. La totale ! Loïc pense que je ne suis pas bien à cause de lui, de nous. Au bout d'une demi-heure, n'en pouvant plus, j'ose lui avouer ma phobie. Nous passons le reste de notre rencart dans la voiture. Cela nous fait rire encore aujourd'hui, il a vraiment mis les pieds dans le plat, juste là où il ne fallait pas aller.

Oui, je vous livre l'envers du décor, en toute transparence !

Par la suite, on se voit le plus souvent chez mon père quand il n'est pas là. Plus que de passer notre temps à se bécoter, on parle beaucoup. De notre vision de la vie, de l'amour, de nos valeurs, de ce qui est acceptable dans une relation et ce qui ne l'est pas. Avec ce que j'ai vécu, autant vous dire que nos visions sont contrastées ! C'est davantage Loïc qui parle au début. Moi, j'ai du mal à me livrer, à libérer ma parole.

J'apprends cela avec Loïc, pour qui la parole est **essentielle** *tant elle évite les non-dits et les malentendus qui torpillent une relation.*

« La base d'un couple, c'est de verbaliser », me répète-t-il, encore aujourd'hui d'ailleurs. À ses côtés, je mets des mots sur des ressentis, des émotions, et surtout je construis ma confiance en celui qui les reçoit.

Au fil des moments passés avec Loïc, je réalise que la vraie vie, c'est ça. Des mots doux glissés à l'oreille, de jolies chansons qui mettent le cœur à l'unisson, des rires communicatifs, des choses toutes simples à partager mais ô combien précieuses.

Loïc est le premier à me faire voir que l'on peut aimer pour de vrai. Jusqu'à mes 18 ans, je n'ai jamais eu un regard pour un autre garçon que ma relation toxique, même dans mes pensées les plus secrètes. Je suis sous une emprise telle qu'il m'est inimaginable, alors, de regarder ailleurs. Après des années du côté négatif, obscur de la force, j'entrevois enfin le versant positif. Cela ne se fait pas en un jour, mais petit à petit, presque pas à pas. **Loïc a quand même dû ramer un peu !**

(Et même… beaucoup !)

Quand je dis que notre rencontre avec Loïc est de l'ordre de l'évidence, ce n'est pas au sens où, tout de suite, je me dis qu'il est l'homme de ma vie. Tout simplement parce qu'il m'est impossible, alors, de penser les choses en ces termes, tellement l'emprise est encore forte avec mon ex : il ne cesse de vouloir me récupérer, et je cède à chacun de ses appels pour une énième discussion stérile. Mais quand je rencontre Loïc, je sais que je ne pourrai plus lâcher cet homme au regard doux. C'est vraiment la clé de notre rencontre : lui comme moi, on s'est dit « c'est nous ». Les papillons dans le ventre éclosent au fur et à mesure. Il sera cette main solide qui ne me lâchera plus jamais, et je le sais. **J'apprends avec Loïc à reconnaître l'amour, le vrai. Pas celui qui rabaisse, qui violente, qui humilie. Mais le véritable amour, celui qui fait grandir, celui qui donne confiance, celui qui donne plus qu'il reçoit.**

Loïc est le premier à me faire voir que l'on peut aimer **pour de vrai.**

La force de Loïc est d'avoir su comprendre ma fragilité de l'époque, et d'avoir su faire preuve de patience. Au début de notre relation, je recherche inconsciemment à retrouver ce que j'ai vécu avant. Je trouve sa gentillesse presque suspecte. Je vais jusqu'à me dire que s'il est gentil, c'est qu'en fait, il ne m'aime pas.

C'est fou de voir à quel point une relation toxique peut détruire non seulement l'estime de soi **mais aussi la vision qu'on a de l'amour.**

Dans les moments de crise, je le pousse dans ses retranchements, comme pour découvrir un vice caché ou déclencher une réaction violente de sa part. Tout jeune homme qu'il est, Loïc esquive les pièges que je lui tends à mon corps défendant. Il me dit qu'il m'aime, qu'il n'est pas de la catégorie des sales types, que jamais il ne me fera de mal. Je suis même surprise des petits surnoms doux qui volent pendant nos disputes : « Mais non, amour ! » Je suis perdue devant tant de tendresse. Je le mérite vraiment ? Je peux l'affirmer aujourd'hui : **cela a été un travail d'apprendre que l'amour ce n'était pas la violence.** Loïc m'a tendu une main solide, il a su m'apaiser.

Dans la vie, il n'est pas toujours facile d'aller vers les bonnes personnes, en amour comme en amitié d'ailleurs. **Il faut se débarrasser des faux-semblants, et porter la gentillesse, la bienveillance, la vulnérabilité aussi, comme des valeurs cardinales.** Et s'en tenir aux faits, aux actes, plutôt qu'aux postures illusoires et fières. Loïc n'est pas quelqu'un qui cache ses sentiments ni ses émotions. Une chanson romantique peut le faire pleurer autant que moi. Il se fiche pas mal du jugement des autres, tout comme lorsqu'il supporte à fond l'AS Monaco : plus fan et exubérant que lui, tu ne peux pas !

Bref, il porte haut les couleurs de l'amour, et prend ces affaires-là très au sérieux. Est-ce qu'il tient cela de sa maman italienne ou de l'exemple de ses parents, toujours unis, contrairement aux miens ? Il y a de cela sans doute. Dans tous les cas, il me dit tout de suite : « Si je suis avec toi, c'est pour la vie. » Il ajoute aussitôt, en mode extra-lucide : « Je sais qu'en nous mettant ensemble, je vais passer par des caps aussi difficiles que ce que tu as traversé, toi. On s'aime, mais n'oublie jamais quelque chose : on va passer par des épreuves où tu mettras tout en question. » Il a ces phrases, il a ce recul, et il en faut pour affronter les démons qui rôdent encore autour de moi ! Même si je me défais un à un des liens du passé.

Un jour où « M » nous repère Loïc et moi en voiture, il s'ensuit des pressions telles que je décide d'en parler à mon père.

Autant il n'a jamais respecté ma mère, parce que c'est une femme… autant il a toujours eu beaucoup de respect pour mon père.

À l'époque, papa ne soupçonne pas du tout à quel point cette relation est violente. Il a seulement pu deviner que sa fille n'était pas très heureuse quand il m'a vue me préparer pour sortir, et être laissée en plan parce que son petit ami décide finalement de rejoindre seul ses copains. Avec Loïc, qu'il ne connaît pas encore bien, mon père ressent tout de suite que la nature de nos relations est différente, que sa fille est respectée, aimée. Alors il n'hésite pas une seconde quand je lui confie à quel point mon ex empoisonne mon nouveau couple. Dès le jour où mon père va lui parler, mon ex lâche l'affaire. Et avec Loïc, on se dit que ça suffit maintenant, le temps des rendez-vous cachés : **nous allons vivre notre amour au grand jour !**

Quand nous décidons d'officialiser, nous choisissons aussi d'habiter ensemble. Nous emménageons dans le studio situé au rez-de-chaussée de la maison familiale des parents de Loïc, dont il est très proche. Ma belle-famille est adorable avec moi. Je me sens immédiatement bien auprès d'eux. Je retrouve cette stabilité qui m'a tant manqué toutes ces dernières années. Ils cernent vite que je sors d'une histoire pas très chouette et me prennent sous leur aile, sans juger une seule seconde. Très vite, je les tutoie, et quelque chose de très sain s'installe.

Les grands pas en avant, c'est un peu notre marque de fabrique !

Mon père me laisse partir de la maison sans difficulté. Il est serein, il sait que le noyau est solide avec Loïc. Maman s'entend d'emblée très bien avec lui aussi. Elle aime ce garçon qui vient à leur première rencontre avec son Tupperware de salade de riz, pour ne pas l'obliger à lui préparer à manger. Ce soir-là, Yoan aussi est là, ils parlent beaucoup, ils se vannent, ils se découvrent le même humour. On passe tous ensemble une super soirée. Quand Loïc part, ma mère me dit tout de suite : « Ça, c'est une vraie relation, ne la lâche pas, reste dans cette voie-là qui est la bonne. » Mes parents m'ont accompagnée sur ce long chemin du retour à la lumière. **Et le jour où ils ont entrevu le véritable amour pour moi, ils ont su prononcer les bons mots, au bon moment.**

Ce qu'elle fait quand même, bien sûr.

Quand j'y repense, on est si jeunes, Loïc et moi, quand nous nous installons dans notre vie à deux (qui va bientôt devenir une vie à trois avec l'arrivée de Mathys). Je dis toujours que c'est rare dans la vie de rencontrer l'âme sœur. Avec Loïc, nous avons vraiment ce sentiment, tellement nous sommes connectés, sur un tas de choses. Nous ne sommes qu'au début de notre vie de couple mais je ressens au plus profond de moi que je suis en train de construire quelque chose de vraiment fou, avec quelqu'un que j'aime profondément. **Loïc et moi, moi et Loïc, l'évidence est telle que nous l'avons gravée tous deux dans notre peau, désormais tatouée de ces mots qui nous définissent si bien : « Mon évidence ».**

Mon évidence

Les leçons à en tirer :

→ Pour tourner la page de ma relation toxique, j'apprends, avec Loïc, à reconnaître l'amour et la bienveillance : j'ai désormais les vrais critères de l'amour en tête. Il faut apprendre à aimer et à être aimé.

→ Avec Loïc, l'évidence entre nous est telle qu'elle me fait franchir des pas de géant… Pourtant, il faut se donner le temps de se reconstruire, aller à son rythme, ne pas se mettre d'objectif trop haut, trop vite.

Le bonheur est là, à portée de main, si on fait le chemin d'aller vers les personnes qui nous veulent du bien.

Être maman à 19 ans

« Ça y est, tu l'as ton bébé Anne Geddes ! »

Ce sont les premiers mots de mon père à la maternité, ce jour de décembre 2006, quand il me voit avec Mathys, mon poupon de bébé, tout beau, tout joufflu. En amoureux de la photographie, il connaît cette Australienne qui s'est spécialisée dans les photos de nouveaux-nés, dont La Poste a utilisé les images pour illustrer une série de timbres « C'est un garçon », « C'est une fille ». Mais il se rappelle surtout les posters dans ma chambre d'adolescente. Les murs en étaient recouverts, quand mes copines avaient ceux de Doc Gynéco. Mes parents m'ont vue grandir avec cette envie de materner. Ils n'ont ainsi pas été très surpris quand je leur annonce, à peine majeure, que nous avons décidé avec Loïc de nous lancer dans l'aventure de la parentalité. **Car devenir parents très jeunes a été, pour nous, un choix mûrement réfléchi.**

Quand je rencontre Loïc, l'évidence est telle que je me vois mère avec lui, et je le vois père. J'ai cette envie maternelle très forte, même obsessionnelle, à laquelle, dans un premier temps, il ne répond pas, il faut bien le dire ! Non pas qu'il sorte comme un fou avec les copains. Juste, cela coule un peu moins de source pour lui. Il n'est pas sûr d'être prêt. Fils unique, il n'a pas grandi avec des bébés. Nous en discutons souvent, l'idée fait son chemin en lui, et puis vient l'envie. Le soir du 31 décembre 2005, nous sommes dans la cuisine et voilà qu'il me lâche dans un grand sourire : « Allez, on la jette ta plaquette de pilules ! » Cela fait quelques mois à peine que nous vivons ensemble, et nous ouvrons ce nouveau chapitre de notre histoire en pleine conscience. Nous avons aussi cette chance d'habiter un studio dans la maison familiale des parents de Loïc. Et Loïc à cette époque travaille comme vendeur dans la rue piétonne de Menton. Sans cette stabilité, la décision de faire un enfant aurait sans doute été moins facile.

Nous mettons tout de suite nos parents dans la confidence de ce projet d'enfant. Je n'ai pas envie qu'ils pensent que c'est un accident, qu'ils se disent : « Ils ne le voulaient pas, ils ne sont pas prêts, ils ne vont pas l'assumer. » Et ils l'acceptent tous très bien. Quand je tombe enceinte au mois d'avril, ils ne sont donc pas surpris et accueillent la nouvelle avec joie. Ma mère décide alors de ne pas repartir aux États-Unis, elle veut être présente à mes côtés dans cette nouvelle étape de vie. En revanche, chez nos amis, notre famille plus éloignée, il y a plus de doutes, de questionnements, mais rien à voir avec ce que l'on va connaître dans le milieu médical ou dans la rue… Je suis d'autant plus heureuse de m'être confiée à nos parents. Sans ce socle familial, et cette base solide entre Loïc et moi, les choses auraient été bien plus compliquées à vivre. **Car le chemin n'a pas été sans embûches.**

Ils savent que derrière notre apparence, moi et mon piercing à l'arcade, Loïc et son look ado, **nous avons la maturité** *que beaucoup de jeunes n'ont pas à cet âge.*

Être maman à 19 ans, on dirait que la majorité des gens ne sont pas prêts. Comme le fait de devenir mère à l'approche de la quarantaine ! Pour avoir eu des enfants à des âges différents, j'ai pu éprouver les différences de perception dans le regard des autres. En France, tu as le sentiment que l'âge parfait pour devenir maman, c'est 25 ans. Avant c'est trop tôt, après on te fait ressentir que l'horloge biologique commence à faire tic-tac. **À 19 ans, les gens partent du principe qu'une grossesse est un accident de parcours.** C'est très violent à vivre quand elle est au contraire désirée, souhaitée. Surtout que ces paroles ne s'adressent généralement qu'à la maman, pas au père de l'enfant !

C'est à moi que la vendeuse d'un magasin, où je vais acheter un pantalon de femme enceinte, lance, intriguée : « Il est toujours là, le papa ? » C'est mon ventre que touche (sans me demander bien sûr) cette mamie dans la rue, un jour où je fais des courses. Et moi qui entends sa question doucereuse : « Il était désiré, lui ? » **Loïc, qui a 23 ans alors, n'a jamais droit à ces remarques totalement déplacées.**

J'ai beau être sûre de mon désir d'enfant, j'ai beau être forte, je vois que tous les gens de l'extérieur doutent de mon propre choix et de ma capacité à être mère. Comme s'il leur était impossible de concevoir que je suis avec quelqu'un de bien et que nous avons envie d'avoir un enfant, tout simplement. Il en faut du courage, pour faire naître un enfant au monde, l'aimer, le faire grandir, et affronter tous les caps à venir ! À commencer par celui du post-partum dont personne ne peut dire à l'avance comment il sera. Chaque histoire est individuelle, unique, et je ne me risquerai jamais à émettre un quelconque avis ou conseil sur une manière de faire. Derrière notre apparence de bébés, nous avons, Loïc et moi, cette maturité, quoi qu'en pensent ceux qui ne nous connaissent pas, ou qui nous connaissent mal. Mais si le jugement de la société est une chose, le jugement des professionnels censés t'accompagner dans la grossesse en est une autre, bien plus violente encore…

Durant ces neuf mois, je ne suis pas traitée en adulte qui attend un enfant, mais comme **une enfant qui attend un bébé.**

Pour avoir moi-même travaillé plus tard en milieu hospitalier, j'ai pu voir à quel point le comportement des médecins et du service peut changer lorsqu'on reçoit de jeunes mamans. Il y a un jugement qui se fait, sans le vouloir peut-être… Mais il y a des questions qui devraient être bannies du vocabulaire médical ! Ou alors, il faudrait les poser en ayant ensuite des solutions à apporter. Si, après m'avoir demandé si mon enfant était désiré, on m'avait proposé derrière de l'aide ou un suivi particulier pour aborder cette parentalité, pourquoi pas… C'est d'ailleurs une aide à laquelle toute femme devrait avoir droit, dans ce moment de vie si chargé en émotions. Au contraire, même le jour de l'accouchement, qui a été long et difficile, avec un déclenchement, j'ai été infantilisée. J'ai une pyélonéphrite du tonnerre, une péridurale qui ne marche pas, et ma douleur n'est pas considérée… On me fait entendre qu'il aurait fallu que j'y pense avant, que l'accouchement n'est pas un jeu d'enfant.

Pourquoi tout le monde semble vouloir que je vive tout ça mal alors que je ne me suis jamais sentie aussi bien, aussi heureuse, aussi comblée ! Il y a un seul espace où je trouve enfin de la bienveillance, du respect, c'est le forum de « Magicmaman ». Je m'y inscris et j'y vais bientôt tous les jours. J'échange avec des mamans de 30 ans qui comprennent mon choix de maman de 19. **Sur ce forum, je ne suis pas jugée, je suis considérée comme une maman.** Nous partageons nos sensations, nos échographies, nos doutes, nos questionnements. Cela m'aide vraiment au quotidien, c'est un peu comme un journal intime, mais qui te répond, comme dans *Harry Potter*, dans la chambre des secrets ! Je crée des liens avec trois filles, qui vont devenir des amies dans la vraie vie. C'est pour moi une vraie soupape et c'est le côté que je trouve génial dans ces forums : ils offrent des espaces de discussions dingues. Ils me permettent aussi de rompre avec une certaine solitude. La semaine, les journées peuvent être longues avec Loïc qui travaille, mes amis qui sortent le soir et mes parents qui ne sont pas encore à la retraite.

Tous les matins, j'ai mes rituels. Je regarde *Les Maternelles*, les rediffusions d'*Hélène et les garçons*, je fais mon petit tour sur Magicmaman. Je ne manque pas une émission de *Ça se discute*, je suis admirative de la force des témoignages et de la façon dont Jean-Luc Delarue recueille la parole, avec cette manière d'être toujours à la juste place. Je me passe en boucle *L'Odyssée de la vie*, ce documentaire qui suit la grossesse d'une femme qui vit à Antibes et travaille à Marineland. C'est le premier reportage où tu vois tout ce qui se passe en 3D à l'intérieur du corps, toute l'évolution, du fœtus à la naissance. C'est magique !

Je m'imagine chaque mois à quel stade de développement est Mathys. **Bref, on peut dire que j'ai mangé grossesse matin, midi et soir pour Mathys, comme plus tard pour Louane et récemment pour Eden.** Cette période de la vie d'une femme me passionne et m'a d'ailleurs toujours passionnée. J'ai des souvenirs de moi à l'âge de 5 ou 6 ans, en pleine lecture de livres sur la grossesse ! Lorsque je suis enceinte, j'ai le sentiment que mon corps et mon esprit sont alignés. C'est un sentiment très puissant à ressentir, et pourtant j'ai eu des grossesses difficiles.

Pour Mathys, je sais très vite que c'est un garçon. **Je ne suis pas mécontente de commencer par ce que je connais bien, ayant moi-même eu des frères !** Je vis son arrivée comme une renaissance. Nous sommes le 14 décembre 2006 et Mathys arrive, après un déclenchement et un travail très long et douloureux (22 heures !). Je suis incapable de décrire ce que mon cœur a ressenti tant il était en pleine explosion d'amour. Je réalise enfin mon rêve de devenir maman. J'ai hâte de quitter l'univers de la maternité, qui a tant de mal à me considérer comme une mère à part entière. Le retour à la maison agit comme une libération. Les gestes viennent tout naturellement. Je guide Loïc dans cet apprentissage de la parentalité, et nos rôles sont un peu inversés : je suis celle qui rassure, qui donne la main au superbe papa qu'il est. Très vite, il dépasse ses craintes de donner le bain. Je dresse là un tableau idyllique mais bien sûr, comme tous les jeunes parents, nous connaissons la fatigue, les galères des débuts.

Mathys est un bébé génial, *qui rit tout le temps… mais il ne dort pas !*

J'écoute les conseils des grands-mères sur le sommeil des bébés. Je le laisse pleurer, alors que tout mon corps me crie de le prendre dans mon lit. Là encore, je vois les traces laissées par le fait d'être une jeune maman. **Je ne me fais pas assez confiance, je ne m'écoute pas assez.** Tout l'inverse aujourd'hui, à 35 ans, où avec Eden nous trouvons notre propre chemin vers le sommeil.

Avec Loïc, il nous faut trouver aussi un nouvel équilibre de couple, et de jeune couple qui plus est ! Ce ne sont pas tant les contraintes qui nous pèsent. Pour avoir grandi avec des bébés autour de moi, je les connais. Et il n'y a rien qui me réjouisse plus que l'adorable petite bouille de mon bébé au matin, que de le préparer, le sortir en poussette, lui préparer son biberon, bientôt son repas.

Rien ne me fait peur,
changer une couche à l'arrière d'une voiture, crapahuter avec lui dans le dos. J'ai de l'énergie à revendre.

La fatigue nous cueille, c'est inévitable, mais à 19 ans, on est quand même plus résistants. Même si Loïc perd 10 kilos en deux mois ! Nous avons la chance d'avoir des parents qui répondent présents quand, épuisés, nous avons besoin d'un relais. Non seulement ils nous aident dans notre parentalité – Mathys a mal dormi, jour comme nuit, jusqu'à ses 3 ans – mais ils nous permettent aussi de retrouver ces petits moments à deux qui autrement n'auraient plus existé, pour aller au restaurant, au cinéma, ou tout simplement prendre un verre en dehors de la maison.

C'est si important, surtout pour un premier enfant, de retrouver même occasionnellement ces tête-à-tête amoureux. Notre couple en revient plus reposé, plus soudé pour vivre un quotidien forcément bousculé par un enfant en bas âge. J'ai bien conscience que tout le monde ne peut trouver cette aide auprès de ses parents. **Je crois profondément à cette notion de village autour d'un enfant et de ses parents.** Amis, voisins de confiance, proches, nounous peuvent jouer ce rôle de relais. À nous, jeunes parents, de savoir demander de l'aide et déléguer. Ce qui n'est pas si facile... Prendre ce chemin, c'est forcément du gagnant-gagnant. Pas seulement pour les parents ou l'enfant, mais aussi pour la personne qui participe à l'éveil d'un bébé et à la sérénité dans une famille.

Les accueils de la PMI sont déjà une première solution **pour décompresser.**

Nous passons ainsi les premières années de Mathys à nous découvrir en tant que parents. Au fond de moi, je sais que je ne veux pas m'arrêter là. Et Loïc non plus, car il y a une chose que nous mesurons à chaque étape de vie, c'est que l'amour entre nous grandit chaque fois un peu plus. Avec Louane, qui va bientôt pointer le bout de son nez, nous allons en prendre la pleine mesure.

Les leçons à en tirer :

→ Ne laissez personne vous juger sur votre désir d'enfant. Vous seuls savez s'il est là et si vous vous sentez prêts, ne laissez personne décider à votre place.

→ Ne prenez les conseils qu'on vous donne... que lorsque vous les avez demandés !

Détermination, soutien...

la parentalité n'est pas une question d'âge mais d'ancrage dans la vie.

On agrandit la famille

Maintenir l'équilibre

Cette fois, ce n'est pas moi qui commence à parler d'un deuxième bébé, mais Loïc ! Notre fils Mathys a 3 ans, il ne dort toujours pas bien. De mon côté, j'ai trouvé du travail, dans lequel j'évolue. Pas un instant, pourtant, je n'hésite à agrandir la famille, toujours cet instinct maternel qui parle. Enfin, entendons-nous, les misères aussi parfois !

Mais il y a une chose aussi que je veux offrir à Mathys : **les joies d'avoir un frère ou une sœur.**

À la rentrée 2009, nous commençons les essais bébés et je tombe très vite enceinte. Malheureusement, je fais par la suite une fausse couche. C'est le début de l'épidémie de grippe H1N1, et je l'attrape au début de ma grossesse. Les choses ne sont pas directement liées mais, dans mon esprit tortueux, je ne peux m'empêcher de me sentir responsable de ma fausse couche.

Je me dis que, forcément, j'ai dû faire quelque chose de mal.

C'est fou comme on peut perdre toute distance dans ces moments-là. Surtout qu'à cette époque, les femmes parlent moins librement qu'aujourd'hui de cette perte d'un bébé à venir. Sur ce sujet-là aussi, nous prenons de plus en plus la parole sur les réseaux sociaux. Même s'il reste encore des pas de géant à faire, l'idée fait peu à peu son chemin qu'une fausse couche est un deuil. Pas juste un simple accroc dans la vie d'une femme (et d'un homme aussi, on a trop tendance à oublier encore une fois le papa dans l'histoire). Évidemment les femmes éprouvent physiquement cette perte. Non, une fausse couche ne s'oublie pas, ne se supprime pas de la mémoire comme si nous étions de froids logiciels ou des machines. **Il nous faut apprendre à vivre avec ce vide qui s'est créé en nous, l'intégrer à notre parcours de vie,** et se dire qu'une nouvelle grossesse, si elle doit advenir, est une nouvelle aventure à part entière, en aucun cas un pansement pour refermer une blessure.

La période est difficile, d'autant que Loïc perd aussi son grand-père qu'il adorait et avec qui nous partagions la maison familiale. C'est un enchaînement de mauvaises nouvelles. De mon côté, j'ai le sentiment de vivre mon premier échec. Dans la vie, malgré tout ce qui m'est arrivé, quand j'ai voulu une chose, je me suis toujours donné les moyens d'y parvenir. Là, c'est la première fois que je veux quelque chose, et que cela n'aboutit pas. Je n'arrive pas à me défaire de ce goût amer qui vient s'ajouter au deuil. **Au fil des semaines, cette épreuve de vie m'apprend à admettre qu'il y a des situations, comme celle-ci, où il faut accepter de ne pas avoir le contrôle.** Ne serait-ce que pour placer l'énergie dans le bon combat. En l'occurrence, me remettre physiquement, psychologiquement, et reprendre les essais bébés, ce que nous ne tardons pas à faire. Loïc, comme d'habitude d'un soutien sans faille, m'aide à traverser ces mois en demi-teinte. Je suis là aussi pour recueillir sa peine. Nous nous soutenons mutuellement dans ces épreuves qui semblent sans fin.

Une petite fille à venir...

je reproduis donc le schéma familial !

Une lumière surgit un beau jour d'avril. J'ai la chance de retomber très vite enceinte, comme le dévoile le test, que je garde précieusement, tel un talisman. Comme pour Mathys, Louane est un bébé conçu au printemps. Jusque dans le choix des prénoms : les consonnances sont proches entre « Mathias et Roxane » et « Mathys et Louane ». Il ne faut pas être devin pour le voir mais à l'époque c'est totalement inconscient ! Mathys devait s'appeler Kevin. Nous avons changé d'avis au dernier moment : j'étais tombée sur ce prénom quand je passais mes journées à lire des listes de noms de bébés. J'ai eu un coup de cœur.

Nous avons ajouté notre touche personnelle avec le « y ». Il a un peu souffert au moment d'apprendre à écrire ! Pour Louane, je m'étais toujours dit que le jour où j'aurais une fille, elle s'appellerait ainsi. Avec Eden, notre petit dernier, je pensais cette fois m'écarter de la reproduction familiale. Mais ma mère m'a récemment fait remarquer la proximité entre Eden et Yoan, le prénom de mon frère cadet. Dans un cas, il y a l'idée de paradis, dans l'autre de « Dieu pardonne ». C'est amusant de voir que, même lorsqu'on pense s'échapper d'une histoire, les prénoms ont du sens. Ils peuvent être aussi des énigmes à résoudre sur le chemin de la connaissance de soi.

Avec Louane, je vis une grossesse bien plus apaisée. Est-ce parce que c'est ma deuxième qui va jusqu'au bout, ou que j'ai cette fois 22 ans ? Je ressens beaucoup moins d'a priori du corps médical et des inconnus dans la rue. Et puis, quand on a déjà vécu un premier accouchement, ça balaye pas mal d'appréhensions… même si Mathys m'a fait une peur bleue en naissant avec le cordon ombilical autour du cou ! Pour Louane, j'attends que ma mère arrive à la maternité avant de monter en salle d'accouchement. Je veux la savoir proche de moi. Je refuse de me rendre à l'évidence, je patiente en mangeant un pan bagnat, l'une de nos savoureuses spécialités du Sud. Je fais les cent pas, jusqu'à devoir m'interrompre : le travail est presque au bout. J'obtiens quand même la péridurale, et j'accouche dans les cinq minutes qui suivent ! **Louane sort avec son caractère d'aujourd'hui, comme une fusée.** Nous sommes le 30 décembre 2010 et toutes mes craintes de ne pas réussir à l'aimer aussi fort que Mathys s'effacent instantanément. Ma fille est dans mes bras, et ce lien mère-fille si particulier prend déjà vie.

À Monaco, où j'accouche (Menton n'ayant pas de maternité), les frères ou sœurs ne peuvent pas venir dans les chambres. J'espère que cela a changé depuis, c'est quand même illogique de devoir amener son bébé dans le couloir pour qu'il rencontre sa famille ! Bref, c'est là qu'a lieu la première rencontre avec Mathys. Du haut de ses 4 ans, il ose à peine la toucher. Mais déjà, je ressens qu'il prend son rôle de grand frère très à cœur. Il n'y a jamais eu de jalousie entre eux, du moins rien qui dépasse les petits tiraillements classiques entre frères et sœurs. Cela a toujours été ma hantise : qu'un de mes enfants se sente délaissé à la naissance de l'autre. Avec Loïc, nous veillons tout de suite à ce que Mathys ait toujours ses moments privilégiés. Nous nous relayons pour lui donner autant d'attention qu'à Louane. Il faut dire qu'elle nous facilite la tâche. Louane est un vrai bébé marmotte. **Et un bébé qui dort, on ne va pas se mentir, cela enlève beaucoup de difficultés !**

Nous trouvons ainsi facilement un équilibre à quatre. Cette année-là, Mathys est à l'école, ce qui aide à trouver un bon rythme. Bizarrement, j'ai l'impression de moins jongler avec deux enfants qu'avec un, de moins devoir me diviser ! Il y a un équilibre naturel qui s'installe entre le couple parental et les enfants. Peut-être aussi que ma fausse couche nous fait relativiser les choses. Après tout, qu'est-ce qu'une mauvaise nuit au regard des épreuves surmontées ? Nous gagnons aussi en confort de vie. La famille s'agrandissant, nous échangeons nos appartements avec mes beaux-parents. Ils nous laissent le grand, pour que les enfants aient chacun leur chambre. Je mesure l'énorme générosité qu'ils ont de faire ce choix, et d'adapter la répartition de la maison familiale à l'évolution des besoins de chacun.

L'année suivante, Loïc me demande en mariage le soir de mon anniversaire, que nous fêtons en famille dans la pizzeria où il travaille. Son patron (et ami de l'époque) n'a pas voulu lui donner de jour de congé, il me fait ainsi sa demande en tenue de serveur ! Je lui dis évidemment « oui », même si j'étais contre le mariage : pour moi, il n'y a pas besoin de papiers pour se dire que l'on s'aime. Finalement, je me suis mariée et cela a été l'un des plus beaux jours de ma vie. Nous l'avons célébré en Italie en 2012. Je me marie dans une robe de princesse, qu'admirent des tantes ou cousines que je n'ai parfois jamais vues ! Nous nous couchons le soir épuisés, et nous nous jurons d'organiser un jour un second mariage, car celui-ci est passé trop vite. Et c'est ce que nous faisons six ans après, en 2018, cette fois-ci entourés seulement de nos proches , un moment partagé avec vous sur YouTube. **J'imagine bien organiser un jour une nouvelle fête, pour qu'Eden lui aussi voie ses parents se marier !**

Mariée, deux enfants, l'amour trouvé : **l'accalmie, enfin, après des mois tumultueux.** La naissance de Louane s'accompagne ainsi d'un grand changement de vie. Mais vous commencez à me connaître, je me laisse rarement en paix... Ne serait-ce pas trop parfait pour moi ? Nous allons vivre avec Loïc une micro-rupture.

Au début d'un été, je commence à gamberger... Une vague de mélancolie me submerge. J'essaie de sortir la tête hors de l'eau mais je me noie dans cette écume que je reconnais bien : ce sentiment de n'avoir pas vraiment vécu ma jeunesse, emprisonnée que j'étais dans ma relation toxique de l'adolescence. Dans ces moments-là, j'enrage d'avoir rencontré l'homme de ma vie si tôt, oubliant un peu vite que, sans lui, j'aurais sans doute perdu davantage de temps à sortir de ces années sombres.

Mais voilà, je ressens, à cette étape de ma vie, le besoin de me prouver que **je suis capable de vivre seule**, *sans homme à mes côtés.*

En filigrane, il y a aussi la crise que vivent, je pense, tous les jeunes parents : l'arrivée d'un enfant, cela prend de la place, d'autant plus deux enfants avec peu d'années d'écart. L'équilibre familial a beau être chouette, très chouette même, le couple passe un peu en queue de comète. Sans compter que j'ai besoin d'énormément de preuves d'amour, avec ce que j'ai vécu.

Si je sens, ne serait-ce qu'une semaine, l'étincelle descendre dans les yeux de Loïc, mon monde peut s'écrouler. Je sais, c'est excessif, mais c'est pour donner une idée de mon état d'esprit d'alors ! **Je me rends malheureuse, je rends Loïc malheureux... si bien que nous décidons de nous séparer.**

Je suis chez ma mère avec les enfants, je pleure tous les soirs. Mon meilleur ami me convainc un soir d'aller boire un verre. Lui, c'est Jérémy, il est dans ma vie depuis mes 10 ans. Ma relation avec « M » avait créé un certain fossé entre nous, une incompréhension, un vide mais nous ne nous sommes jamais perdus de vue. Cette période de doutes que j'étais en train de vivre nous rapprochera et scellera à jamais notre amitié. Il est le premier ami à qui je me livre entièrement sur mes démons, presque sans retenir mes mots. Jérémy, c'est bien plus qu'un ami. Il connaît la Roxane enfant, ado, timide, rebelle, extravertie, sensible... Et il sait toujours comment me parler, sans pincettes et sans détours. C'est ce qu'il fera ce jour-là.

Nous allons donc au restaurant tous les deux et il me demande ce que j'attends, ce que je veux, ce qui me tracasse. Je lui réponds que ce que je veux, c'est être libre. Il me répond : « Mais tu es libre, non, avec Loïc ? Si tu veux sortir avec moi comme on fait là, tu le peux, non ? » Je prends conscience que la liberté que je crois n'avoir jamais connue, je l'ai, avec Loïc ! Et que la liberté que je recherche en dehors de mon couple est un leurre. Je réalise aussi que cette vie légère et sans attaches, à laquelle je n'ai peut-être jamais goûté, elle ne m'aurait peut-être finalement jamais plu. J'arrive à mettre des mots sur mes désirs, à assumer le sens de mes priorités. **Plus que tout j'aime Loïc, j'aime la famille que nous formons, j'aime notre équilibre et notre façon d'avancer.**

Il y a dans tout ça un peu de pression sociale qui encourage à connaître « plusieurs expériences de vie ». Tous mes amis rentrent dans les standards, avec une vie explosive et des voyages enivrants. Comme si, une fois encore, on m'interdisait d'être heureuse, comme si cette vie ne pouvait forcément pas me convenir. J'ai commencé à m'en persuader. À l'époque, seule ma meilleure amie Aurélie (dont je vous ai parlé bien plus tôt, lors de ma rencontre avec « M ») connaît le même schéma de vie que moi. Elle est en couple depuis ses 15 ans et a eu un petit garçon, Kylian, né six mois avant Mathys. **Elle a été un réel soutien, un pilier dans ma vie de femme et de maman.**

Au bout de quelques semaines à peine, je reviens avec mes sacs, et nous reprenons très instinctivement notre vie commune, après avoir eu une de nos longues discussions, les mêmes que celles que nous connaissions à nos débuts et que nous partageons encore dix-sept ans plus tard. J'ai réalisé mon erreur, et Loïc a eu cette force inouïe de répondre présent. Nous sommes repartis de plus belle.

Nous avons eu d'autres crises dans notre parcours de couple. Je ne pense pas qu'il soit possible de passer quarante ans avec quelqu'un sans jamais traverser de périodes sombres. Avec Loïc, nous avons réussi à affronter les situations difficiles sans jouer la carte du divorce.

Ce n'est pas une faiblesse mais au contraire une très grande force de **rouvrir la porte à l'autre,** *de ne pas la refermer juste par fierté.*

Du côté de la femme comme de l'homme. Je pars du principe que tout est pardonnable s'il y a de l'amour, à part bien sûr les violences, qu'elles soient physiques ou psychologiques. Je ne dis pas que c'est facile, que le chemin n'est pas long, et qu'il ne faut pas partir si les mésententes ou les blessures deviennent invivables. **Mais cela vaut le coup de se battre, d'avancer dans la compréhension mutuelle de nos comportements quand l'amour est encore au rendez-vous.** Quelle que soit l'issue de la crise, on gagne toujours à essayer de se relever ! Il m'est tout aussi important de préciser que la rupture n'est pas un échec, il est primordial de s'écouter et tout aussi bénéfique et fort de savoir se séparer quand la bataille est perdue.

Loïc et moi, nous avons cette chance que je mesure chaque jour de partager la même vision de l'amour. Nous savons que notre amour vaut plus que les épreuves qu'il traverse. Nous savons que la famille est pour nous l'une des plus belles aventures qui soient. Et nous savons combien tout cela est précieux alors même que la vie peut être si barbare…

Je vais vous confier quelque chose dont il m'est difficile de parler. Quand je suis enceinte de Mathys, ma famille traverse une terrible épreuve. Mon petit filleul, le fils de ma cousine, est gravement malade. Il est atteint d'une cytopathie mitochondriale. Il nous quitte soudainement à l'âge de 9 mois. J'ai vu ma cousine et son mari rester soudés dans cette épreuve, sur laquelle je me garderai bien d'apposer des qualificatifs tellement elle est injuste. Cela appartient d'abord et avant tout aux parents.

J'ai déjà traversé des épreuves assez rudes, mais jamais encore je n'avais été confrontée à un tsunami dévastateur dans ma famille. Moi qui perds mes moyens face à la douleur des gens que j'aime, j'étais alors face à toute ma famille effondrée. Et cette souffrance, je l'ai traversée avec Loïc. Il a toujours eu les bons mots, les bons gestes et les bons moments de silence nécessaires à la reconstruction. Pour dire vrai, il y a même eu des périodes où je culpabilisais de le traîner avec moi dans cette vie tumultueuse. **J'en venais à me demander si je ne portais pas malheur.** Et ces épreuves ne faisaient alors que renforcer ce sentiment de « double vie » que j'avais un peu effacé depuis. Face à la douleur, je continue à regarder la tristesse par-dessus une épaule qui n'est pas la mienne.

Quand vous approchez la douleur d'aussi près,
les petites crises existentielles de la vie prennent un autre sens.

Les leçons à en tirer :

→ Parfois il faut l'arrivée d'un deuxième enfant pour être considérés par la société comme famille, pour qu'une femme soit reconnue comme mère.

→ Aucun couple n'est à l'abri des crises. L'essentiel est d'apprendre à les dépasser, en comprenant les erreurs de l'autre, et en acceptant de rouvrir la porte, en faisant le choix de l'amour plutôt que de la fierté.

La rupture n'est pas un échec si elle est bénéfique. C'est une force de s'avoir s'écouter pour écrire sa vie telle qu'on la ressent.

Un jour, Loïc me prépare la surprise qui changera ma vie en déposant une grosse enveloppe kraft sur la table…

Choisir ma voie

L'aventure du Meilleur Pâtissier, puis de YouTube, n'est pas tombée dans mon assiette du jour au lendemain. C'est un chemin qui a connu pas mal de détours, dont celui du métier de mes rêves : auxiliaire de puériculture. C'est cette expérience qui me fait dire aujourd'hui que les reconversions professionnelles sont envisageables à l'infini, toute la vie, lorsque l'on se sent enfermé, à la mauvaise place… à condition de pouvoir être soutenu dans ces changements de cap. En hyperactive que je suis, j'ai ce besoin quasi permanent de mouvement. C'est un peu l'essence de ma vie, même si j'apprends à me connaître : je suis vigilante à ne pas jouer les chamboule-tout en permanence.

J'aime sortir de ma zone de confort, aller explorer des terrains différents, **voir ce dont je suis capable.**

J'ai connu beaucoup de petits boulots, car je ne voulais pas dépendre de mes parents qui galéraient déjà assez. À 13 ans, je tenais un stand de pêche aux canards dans un parc de ma ville, tous les mercredis et samedis. Je gagnais 50 francs à peine (9 € !) mais cela suffisait à satisfaire mes petits plaisirs du moment. Puis, en grandissant, j'ai continué avec du baby-sitting, des jobs d'été… À l'époque, c'était aussi une façon pour moi de m'affirmer face à « M » et de conserver un peu d'indépendance.

En 2008, quand Mathys a 2 ans, l'envie de reprendre le travail se fait sentir. Je prends alors mon premier poste de travail en CDI, et je supervise le service informatique de la grande surface de ma ville, où j'ai commencé au poste de caissière. C'est un bon poste. Je m'occupe des commandes, j'exerce des responsabilités, tout en ayant des horaires compatibles avec ma vie de famille. J'ai mon petit thé du matin, des collègues-amis, des habitudes. J'aurais pu rester là toute ma vie, il y a plein de monde à qui cela convient très bien. Ce métier correspond à la formation que j'ai suivie, un bac pro comptabilité. Mais ce diplôme est un choix par défaut, un non-choix : au collège, une conseillère d'orientation m'a dit que je n'étais pas faite pour le BEP sanitaire et social, la filière qui m'attirait. Au lieu de soutenir un désir de métier, elle a brisé mes ambitions.

Il est si important, dans ces années lycée où l'on se cherche un avenir, de rencontrer les bonnes personnes, **celles qui portent et qui guident !**

Cette personne qui me soutiendra, des années plus tard, ce sera Loïc. Je pense à reprendre le travail, après les deux ans que j'ai voulu consacrer entièrement à Louane, comme je l'ai fait pour Mathys. Je suis alors en congé parental, toujours salariée au même endroit. Un soir où nous sommes chez ma mère, Loïc m'offre une grande enveloppe en papier kraft. Intriguée, je l'ouvre et y découvre... un dossier d'inscription à l'école d'auxiliaire de puériculture. Sur le moment, je trouve ça vraiment touchant, preuve que mon bonheur compte encore à ses yeux, et qu'il refuse de penser que je ne puisse pas réaliser ce métier qui est un rêve d'enfant. Intérieurement, je me dis que je n'y arriverai jamais ! Les enfants, le concours d'entrée, la scolarité ! Mais Loïc me connaît très bien. **Dans la vie, quand tu me lances un défi, je le relève et je vais au bout.** C'est la face A de mon côté têtu !

Moi qui ai toujours rêvé de ce métier, il ne m'en faut pas plus pour tenter ma chance. J'ai 23 ans et je repars à zéro. Je révise dur et je suis prise dans les deux écoles que je vise. Je choisis celle de la Croix-Rouge où je rencontre Alyson, Léa et Sandrine. Durant cette période, je jongle avec les allers-retours à Nice pour les études, les enfants, les stages. Pour m'aider, je me dis que cela dure neuf mois, comme une grossesse, ça passe vite !

Nos proches, heureusement, nous soutiennent dans l'organisation quotidienne avec les enfants. Il n'est jamais facile de reprendre une formation, quelle qu'elle soit, lorsqu'on a la charge d'une famille. Mais il y a une dimension supplémentaire dans le métier d'auxiliaire de puériculture que je ne soupçonnais pas et que je découvre au fil de mes stages... Je vis en effet très mal d'exercer ce métier en crèche. Cela n'a rien à voir avec tous les adorables bouts de chou dont j'ai à m'occuper. **C'est juste que je ne peux m'empêcher d'éprouver, au plus profond de moi, l'injustice de devoir faire garder mes propres enfants pour m'occuper des enfants des autres.**

C'est ce qui est le plus dur dans ce travail quand tu es jeune maman : tu t'occupes de bébés qui ne sont pas les tiens, mais les tiens, c'est quelqu'un d'autre qui s'en occupe ! En maternité, heureusement, je ne ressens pas cette culpabilité. C'est là que je veux travailler en sortant de l'école, et nulle part ailleurs, même si je sais que les places sont chères.

Je m'accroche et j'obtiens mon diplôme du premier coup à la fin de l'année.

J'intègre la maternité de Monaco grâce à une cheffe de stage, Ingrid, qui apprécie mon travail et soutient ma candidature. **Coïncidence ou destin, c'est elle qui était présente pour l'accouchement de Louane !** S'ouvre alors une étrange période... Je fais un métier que j'adore, prendre soin des nouveau-nés, répondre aux questions et aux inquiétudes des mamans et des papas, leur transmettre les bons gestes. Leur dire aussi qu'il n'y a pas de recette toute faite, et que chaque bébé, chaque histoire est unique.

Mais je découvre aussi l'envers du décor d'un métier que j'ai idéalisé. D'abord le rythme des gardes de nuit, que tu fais beaucoup en début de carrière. J'ai des collègues mamans qui gèrent sans souci, moi je m'épuise dans mon souci de perfection. Je dors à peine pour aller chercher les enfants à l'école, préparer des repas frais, être sur tous les fronts... Quand Loïc me propose de s'en occuper, je refuse : ces moments-là sont trop précieux et mon angoisse du temps qui défile est toujours là. Mais les gardes, tantôt le jour, tantôt la nuit, ne collent pas à mon idée de la famille qui est de partager le maximum de temps ensemble. **Je sens l'épuisement monter crescendo et l'écart grandir entre mon quotidien et mes aspirations profondes dans la vie.** Il y a comme une dissonance qui s'installe.

Je découvre aussi que la pratique du métier est bien loin de l'apprentissage que j'ai reçu, qui était vraiment tourné vers le soin du bébé et de la patiente. Mon travail d'auxiliaire de puériculture est aux antipodes de ce que j'ai appris à l'école, mais aussi aux antipodes de la manière dont je veux l'exercer. À l'hôpital où je travaille, il y a encore beaucoup de pratiques de la « vieille école », sur l'allaitement notamment, et comme partout les moyens sont réduits. **Je vois souvent plus de maltraitance que de bienveillance et me retrouve à devoir suivre des procédures que j'ai du mal à tolérer.** Je passe beaucoup moins de temps que je le voudrais avec chaque patiente. Je suis aussi témoin de violences obstétricales, même si à l'époque on n'emploie pas encore ce terme que je trouve salvateur. Durant toute cette période, je réalise que tu ne peux pas imposer ta vision des choses dans le milieu médical, encore moins quand tu es nouvelle...

C'est en nommant les choses que l'on peut les combattre.

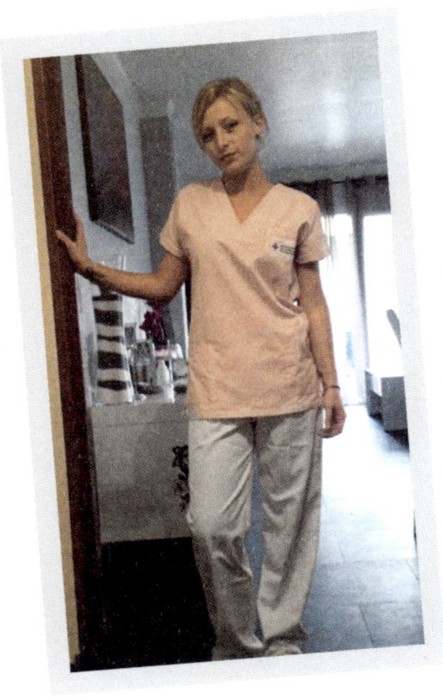

Ainsi, je suis entrée dans le métier de mes rêves et tout s'écroule pourtant dans ma tête. Je pressens, sans me l'avouer encore, que je ne pourrai pas le faire toute ma vie. En somme, ça ne va pas très fort ! Et c'est là que les gâteaux entrent dans ma vie... Tout commence avec la « baby shower » d'une amie, ces fêtes de naissance qui arrivent en France, à l'image de ce qui se fait couramment aux États-Unis. Je lui propose, pour la soulager, de m'occuper des gâteaux, moi qui suis pourtant plus salé que sucré et qui n'ai appris, avec ma mère, qu'à faire des crêpes et des gâteaux au yaourt ! Dans quoi me suis-je donc lancée ?

Impossible, comme je le fais d'habitude, de me contenter d'ouvrir un sachet prêt à mélanger. Je musarde sur Internet à la recherche d'idées et tombe sur une photo de cupcake, puis deux, puis trois. **Là, c'est la révélation esthétique !** Sans réfléchir, je décide de me lancer. Je suis à mille lieues d'imaginer le plaisir fou que je vais prendre à fabriquer ces petits gâteaux croquignolets, cuits dans un moule en papier et recouverts de glaçage coloré.

Aujourd'hui, je les fais en cinq minutes, mais il m'en a fallu des essais, des ratés, pour maîtriser l'art du cupcake !

Évidemment, je n'ai aucun ustensile dans ma cuisine qui soit utile à la fabrication des cupcakes. Je file dans une boutique de Nice acheter toute la panoplie : la poche à douille, avec différentes douilles, le moule à compartiments, les caissettes en papier, les décorations... Je m'en sors pour une centaine d'euros. À mon retour, je vois le sourire en coin de Loïc. Il se dit, j'en suis certaine, que le kit n'est pas donné pour une lubie qu'il imagine passagère. Mon orgueil est une fois de plus piqué ! Je lui lâche dans mon plus grand sourire : **« Eh bien, tu sais quoi, je vais t'en faire des cupcakes, et je vais t'en faire tous les week-ends ! »** Me voilà lancée dans une véritable aventure, à refaire vingt fois ma crème au beurre à la main, je n'ai même pas de robot. Au début, je n'arrive pas à pocher, la pâte dégouline de partout, le résultat n'est pas beau.

Je ne m'arrête pas en si bon chemin. Après les cupcakes, je tombe dans la marmite du cake design. Ou plutôt, j'y plonge en mode bombe ! Les photos que je découvre, toujours sur Internet, me fascinent par leur créativité. C'est tout un univers qui s'ouvre à moi.

Depuis toute petite, j'aime la danse, la vidéo, et tout ce qui est manuel : j'ai eu mes périodes point de croix, tricot, numéros d'art à peindre… Cette corde sensible se réveille quand je regarde les montages fous de gâteaux qui ressemblent à des sculptures. **Dans le cake design, j'aime d'abord le côté visuel, l'effet waouh qui fait vibrer les gens quand ils découvrent leur gâteau.** Je me dis alors : « Un jour, je ferai ça. »

Cette phrase, je l'ai comme **un mantra dans ma tête.**

Ma cuisine, d'un coup, devient une pâtisserie ! Je me découvre une facilité, moi qui ne coche pas toutes les cases au départ. Je ne sais pas spécialement dessiner, je fais des bonhommes en bâton ! Mais en pâte à sucre, je suis bientôt capable de reproduire des personnages à l'identique. Je n'ai pas non plus le palais parfait ni d'appétence forte pour les gâteaux. Je franchis tous ces obstacles à force de travail et de conviction. Il est dans mon caractère de considérer que, si quelqu'un fait quelque chose, je peux le faire aussi. Mais pas seulement « moi, Roxane dans ma cuisine ». **Si j'en suis capable, elle en est capable, il en est capable, vous en êtes et tout le monde en est capable !** C'est ce que je veux transmettre par ma pâtisserie : oui, les choses sont accessibles, à condition d'y croire et de travailler.

Si tu y mets de la passion,
tu peux y arriver.

Mes premiers gâteaux, on ne se refait pas, sont des moulages de bébés ! Viennent ensuite très vite des « Hello Kitty », des « Flash McQueen », des personnages de dessins animés. Et tout un univers très girly... moi qui suis tatouée et n'aime pas particulièrement le rose. **Avec le recul, je pense que le cake design est aussi, pour moi, une façon de montrer ma féminité, chose qui ne me vient alors pas naturellement.** À la maternité, mes gâteaux ont vite leur petit succès. Je commence à prendre des commandes de collègues, d'amis, pour leur gâteau d'anniversaire ou celui de leurs enfants. Je fais quelques stages de perfectionnement à Toulon et à Marseille, où je rencontre d'autres personnes de ce milieu très nouveau en France : je fais partie des pionnières. Mes photos sur Facebook sont de plus en plus partagées. Je commence à me faire un nom dans le milieu.

Tout va très vite.
Les choses prennent une ampleur qui me dépasse.

De 2013 à 2015, je jongle comme ça entre les gâteaux et la maternité. La nuit, j'endosse mes habits d'auxiliaire de puériculture. Le jour, je m'entraîne à réaliser de nouveaux gâteaux, toujours plus audacieux. J'emmène et je vais chercher les enfants à l'école. Je ne dors plus. Sur le moment, moi, je ne vois rien. Comme à mon habitude, je veux être parfaite en tout. Je veux être parfaite dans mon travail, dans mes gâteaux, dans ma vie de maman, dans mon couple. En parlant aujourd'hui avec beaucoup de femmes, je me rends compte à quel point nous sommes nombreuses à nous mettre autant de pression. Sur le moment, je ne réalise pas que j'atteins mes limites. Je n'entends pas les signes que mon corps m'envoie : je peine à respirer, j'ai la boule au ventre quand il faut partir à la maternité, et les rares fois où j'arrive à trouver le sommeil, je fais des cauchemars. Je ne supporte plus la vue de mon planning de gardes.

Vous le voyez venir le burn-out bien comme il faut ?

Et puis il y a le soir de trop. Celui qui me voit dans l'impossibilité réelle de m'arracher de mon cocon douillet pour prendre la route de la maternité. Je me sens si seule sur le moment : comment avouer à mes proches, à Loïc surtout, à quel point je veux tout arrêter, à quel point je n'y arrive plus ? Alors qu'ils m'ont tant soutenue pour que je fasse le métier de mes rêves et que l'on sort enfin la tête de l'eau : en travaillant à Monaco, j'offre un beau cadre financier à ma famille. Je me trouve égoïste, immature. Même à mon médecin, qui m'arrête quelques jours, je dis que j'ai mal au dos. Ce soir-là, je suis seule à la maison. La seule issue que j'entrevois est de me faire mal pour m'empêcher de travailler. J'ai 25 ans et je me retrouve dans la même angoisse que celle que j'avais ressentie, à 13 ans, toute seule dans ma chambre… Je me scarifiais alors en cachette, pour appeler au secours, au début de ma relation toxique.

C'est un épisode de mon adolescence dont je n'ai pas encore parlé dans ce livre, et qu'à l'époque Loïc ignore aussi…

Adolescente, une convocation de l'infirmière du collège, a suffi à me détourner de cette voie sans issue, de peur (là encore) que mes parents ne l'apprennent. Alors que, finalement, c'est peut-être ce qui m'aurait sortie de là. Mais rien n'a été mis en place par le collège.

Jeune adulte, ce vieux démon endormi ressurgit comme une évidence. Je me dis que j'ai cette solution de me faire mal, volontairement. Je me vois prendre un couteau de cuisine et m'entailler la main… Aujourd'hui, j'ai encore la cicatrice. La découpe est profonde, le sang coule plus que je l'imaginais. Un torchon de cuisine autour de la main, j'appelle ma belle-mère qui vit à l'étage en dessous : je lui dis qu'un verre a éclaté dans ma main pendant que je le lavais. Loïc arrive à ce moment-là. Il m'emmène aux urgences, ivre d'inquiétude dans la voiture. Il devine, il sait au fond de lui que c'est un acte volontaire. **« Maintenant, tu me dis la vérité », m'enjoint-il, ne croyant pas une seconde à mon mauvais scénario…**

« Comment tu as pu ? », répète-il. Loïc aurait été le premier à me dire : « La santé avant tout ! » En mon for intérieur, je suis sidérée d'être allée si loin, d'avoir perdu de vue qu'il y a, au fond, toujours une solution. Il faut pour cela entendre les signes que le corps nous envoie, avoir assez d'estime de soi pour poser des limites. Il faut savoir aussi tirer la sonnette d'alarme et demander de l'aide à son entourage, à son médecin, à quiconque peut arrêter la machine infernale de l'autodestruction. Je décide d'affronter mes vieux démons, de les verbaliser. Je ne veux plus qu'ils guettent mes instants de faiblesse, qu'ils soient là, en veille, prêts à me prendre à la gorge. Je ne veux pas seulement les tenir à distance, mais les nommer et les sortir de mon existence. **Plus jamais je ne veux m'infliger ça !**

Je me promets que c'est **la dernière fois** *que je choisis l'obscurité plutôt que la lumière.*

La plaie met un long moment à cicatriser. Pendant mon arrêt maladie, je continue les gâteaux, malgré les douleurs. Je mesure à quel point cette histoire devient passionnelle. Peu à peu, je sens que j'ai en moi le potentiel pour me lancer à mon compte. J'ai la conviction profonde d'avoir trouvé enfin un métier dans lequel je suis seule face à ma passion. Je ne dois rien à personne, je peux faire mes horaires, gérer ma vie de famille comme je l'entends. Tout le monde me dit que j'ai un vrai truc, un talent pour le cake design, ce qui abat les derniers remparts de ma résistance intérieure. Il faut bien le dire, je le vis alors un peu comme un échec. Alors que l'échec aurait été de persévérer dans un métier qui me rend malheureuse !

Il n'est pas facile de s'avouer que l'on s'est **trompé de voie** *en croyant se lancer dans le métier de ses rêves.*

Avec Loïc, les grandes discussions sur notre vie se font souvent au restaurant. Celle-ci n'échappe pas à la règle. Je prends une grande respiration et lui confie mon désir de démissionner de la maternité et d'ouvrir mon laboratoire de cake design. « Si c'est ce qui te rend heureuse, fonce ! », me répond Loïc, qui tait sans doute ses inquiétudes. On ne dira jamais assez l'importance de l'entourage dans l'entrepreneuriat, surtout lorsque celui-ci se conjugue au féminin. Nous actons, bien avant le dessert, la décision qui va encore bouleverser notre vie de couple et de famille.

Tous les deux, nous avons toujours préféré les risques au confort financier. Nous sommes tout début 2015 et, juste avant de passer le cap, je reçois un appel qui va une nouvelle fois rebattre les cartes.

*Au bout du fil, c'est la personne qui s'occupe du casting du « **Meilleur Pâtissier** », l'un des programmes phares de M6...*

Les leçons à en tirer :

→ Même le métier de vos rêves peut vous décevoir. Il n'y a aucun échec à le reconnaître, juste une nouvelle direction à prendre en pleine conscience.

→ Rien n'est écrit dans la vie, pas plus dans la vie personnelle que professionnelle. Avec du travail et de l'endurance, changer de cap est possible, et il est rare que la persévérance ne paie pas.

→ Se faire mal n'est jamais la réponse pour sortir d'une impasse. Jamais !

Il y a toujours une solution, il suffit parfois de savoir détourner son regard des chemins tout tracés.

5

L'aventure du Meilleur Pâtissier

L'immeuble avec le gros logo M6 me paraît immense lorsque le taxi me dépose à ses pieds. Je lève les yeux, je suis à deux doigts de faire demi-tour avec ma robe pull, mes baskets et mes gâteaux transportés tant bien que mal dans le train. Mais, un peu par fierté, un peu parce que j'ai fait un long voyage depuis Menton, je pousse la porte. Là-haut, dans un bureau pas plus grand qu'un placard, m'attend Marjorie, la casteuse du Meilleur Pâtissier. Je m'assieds pour la première fois face caméra, pour répondre aux mêmes questions posées quinze jours plus tôt par téléphone : comment est-ce que j'ai découvert la pâtisserie, est-ce que je suis bien autodidacte, quels gâteaux je sais faire ? Dans un coin de ma tête, je vois la Roxane toute timide se prêter avec aisance au jeu de l'interview. C'est comme pour les oraux du bac, je suis tétanisée avant…

Mais dès que la caméra tourne, je trouve la ressource pour cacher mes émotions et reprendre le dessus.

En sortant de ce premier rendez-vous parisien, je sens que je suis la fusée sur la rampe de lancement. Je ne suis pas celle pourtant qui a procédé à l'allumage. C'est une amie, Stéphanie, qui, voyant passer l'annonce du casting, a envoyé ma candidature. Elle l'a fait dans mon dos, parce qu'elle sait que je ne me considère pas comme une pâtissière.

Je sais faire du cake design,
mais ne me parlez pas de génoise,
de ganache et encore moins de pâte à choux !

Aussi, quand je reçois un soir un mail de M6, je crois à un canular. « Mais non, ils sont vraiment intéressés par ton profil, il faut que tu reviennes vers eux », m'avertit mon amie qui se penche, telle une bonne fée, sur mon berceau de pâtissière. Le destin toque à ma porte, sur le moment je ne m'en aperçois pas. **Au fond de moi, je ne pense même pas dépasser le premier coup de fil, que je prends dans ma cuisine au milieu des enfants.**

Et puis la production me rappelle pour un troisième casting à Paris. Je dois dire que j'hésite un peu. Cela paraît quand même irréel, quand tu commences à toucher un peu à la télévision. Je sais qu'ils ont des centaines de candidats, je me demande ce que j'ai de plus que les autres et pourquoi ils me choisiraient moi, Roxane, novice en pâtisserie ou presque. Il faut savoir que seuls onze candidats sont finalement retenus !

La petite musique familière de la peur de décevoir mes proches me gagne, toujours cette bonne dose de confiance en moi ! Et puis, tous les déplacements sont à nos frais. Les billets coûtent cher pour venir depuis Menton, surtout que l'on doit les prendre au dernier moment. C'est un vrai budget. Je jongle encore entre mon travail à la maternité, le cake design et la vie de famille. Mais avec Loïc, nous décidons une fois de plus de tenter le tout pour le tout. Il a ce pouvoir-là d'avoir toujours dix trains d'avance.

Il pense déjà que si je participe à l'émission, cela peut m'aider à lancer par la suite **ma boîte de cake design***, qui est alors mon unique projet.*

Me voilà donc repartie à Paris pour le dernier casting. À l'arrivée, je retrouve cette fois d'autres participants. Sans le savoir, je rencontre déjà de futurs candidats qui feront partie de l'aventure avec moi : Caroline, Cyril, et surtout Anissa, aujourd'hui l'une de mes meilleures amies. Dans le van qui nous emmène vers les cuisines hôtelières, louées pour l'occasion, les liens commencent très vite à se tisser. Et un drôle de sentiment grandit en moi. Je suis sidérée de leur passion pâtissière portée à haut niveau. Ils n'en ont que pour leurs idoles Christophe Michalak et Philippe Conticini, moi qui viens à peine d'acheter le livre de Christophe Felder pour me former aux bases de la pâtisserie. **J'ai un vrai moment de solitude, que je partage avec Anissa : nous sommes les seules à venir de l'univers du cake design.**

Mais, dans ce van, je mesure aussi que plusieurs des candidats connaissent mon profil Facebook. J'ai 50 000 abonnés qui suivent mes créations de gâteaux, ce qui est énorme pour l'époque. Je prends conscience que je n'ai peut-être pas l'expérience des autres en pâtisserie, mais ma personnalité solaire et mes compétences en cake design, une nouvelle tendance que l'émission veut mettre à l'écran, peuvent faire la différence. **Comme quoi, il suffit parfois de décaler un peu le regard qu'on porte sur soi-même pour percevoir ses propres qualités et reprendre confiance !**

Dans ces situations de fragilité, il faudrait savoir être doux envers soi-même, se dire que l'on peut faire de ses points faibles une force, en les acceptant, en composant avec plutôt qu'en essayant de les camoufler, sans y arriver bien sûr, ou au prix de trop d'oubli de soi. **La confiance en soi est pour beaucoup d'entre nous un long chemin, mais il passe avant tout par le fait de s'accepter tel que l'on est, en se détachant du regard des autres et en avançant dans le respect de ce que l'on est profondément.** Durant le Meilleur Pâtissier, je suis restée au fond de moi la Roxane timide et la personne qui doute d'elle, mais j'ai pris conscience aussi de ma valeur et des atouts sur lesquels je pouvais miser.

Il n'y a pas de tutos en ligne comme aujourd'hui !

Pour ce dernier casting, nous voilà tous plongés direct dans l'ambiance d'un plateau, avec de vrais plans de travail, des journalistes qui posent des questions et une dégustation à la fin. Exceptionnellement, nous savons à l'avance qu'il nous faudra faire un saint-honoré. Vous auriez vu ma tête quand j'ai réalisé que j'allais devoir, en une semaine, apprendre à faire une pâte à choux, une crème Chantilly, du caramel, une pâte feuilletée, et tout une panoplie de gestes très techniques… Je cours en librairie acheter mes premiers livres de pâtisserie. Là, je me heurte à un autre mur : je découvre à quel point les termes de ces livres sont compliqués. Ce n'est pas seulement « clarifier les œufs » au lieu de « séparer le blanc des jaunes », c'est tout un tas d'étapes ultra-détaillées qui te perdent en cours de route. Alors qu'à force d'essais, je réalise que les choses marchent aussi bien avec des consignes simples. **C'est à ce moment-là que l'idée me vient de simplifier la pâtisserie, ce que je ferai par la suite en me lançant sur You Tube.**

Le jour J, j'ai tout de même des doutes… Mais j'y vais en mode détente, je sais que je n'ai rien à perdre. Au moment de lever les bras, je souris : il est bien là, mon saint-honoré ! Ce n'est pas le plus beau du monde (ni du plateau !), mais il se tient. Et j'ai réussi à garder le sourire tout du long, à répondre aux questions posées en même temps ! Je rentre à Menton des souvenirs plein la tête, et reprends le cours de ma vie sans trop y penser. Trois semaines après, le verdict tombe. **Je suis prise pour participer à la quatrième saison de cette émission, dont je suis une spectatrice fidèle depuis ses débuts.**

Nous sommes fin février, j'ai 28 ans et je réalise qu'il va me falloir faire un choix. Impossible de me mettre à niveau en pâtisserie en continuant de travailler comme auxiliaire de puériculture. Et si je vais jusqu'au bout de l'émission, c'est deux mois d'absence au travail. Je précipite mon départ de la maternité, avec l'optique de participer au Meilleur Pâtissier puis de me lancer dans le cake design.

C'est une **décision radicale**, *directe, et assez dure à prendre car je ne sais pas de quoi demain sera fait. Mais elle est* **totalement assumée.**

Je pleure dans le train en écoutant en boucle ce refrain de Louane.

J'ai une ligne directrice et toujours le soutien infaillible de Loïc. Durant les semaines qui précèdent le tournage, je passe mes journées et mes soirées dans le petit chalet du jardin : nous l'avions installé pour le laboratoire à venir de cake design. Pendant que Loïc est au travail, je m'isole dans ma bulle pâtissière. Certes, je ne deviens pas une professionnelle mais j'apprends toutes les bases, à en perdre la santé…

Vient le moment de partir pour Paris, cette fois-ci pour quinze jours de tournage. C'est la première fois que je me sépare ainsi de mes enfants, et c'est dur. **« Je ne m'enfuis pas, je vole ! »** J'ai la chance d'avoir l'appui de Loïc, contrairement à d'autres candidats qui n'ont pas ce soutien de leur conjoint et pour qui la situation est encore plus difficile.

Au téléphone, Loïc me dit que tout se passe bien à la maison, de ne pas m'inquiéter et de vivre à fond l'aventure. Il y a aussi qu'il est, et cela depuis tout petit, très compétiteur. **« Donne tout, déchire tout, ne pense pas à nous ! » : même à des centaines de kilomètres, j'ai un vrai coach à mes côtés.** En vrai, moi, je vais surtout au Meilleur Pâtissier pour faire des gâteaux et me faire des amis ! Mes meilleurs souvenirs, ce sont nos soirées à l'hôtel tenu par Sergio, qui veille sur nous comme sur une petite famille. Il nous prête ses cuisines pour que l'on puisse s'entraîner, il nous remonte le moral et surtout il rigole avec nous.

Il y a vraiment cet état d'esprit, presque de colonie de vacances. Pourtant, c'est loin d'en être une, vu le rythme infernal de tournage. Mais cette saison quatre, c'est vraiment ça. Notre objectif, notre ligne de conduite, c'est de pâtisser, nous amuser, profiter à fond de cette aventure exceptionnelle. Pas de faire le buzz, de devenir une star des réseaux, d'aller à la télévision pour percer, agrandir sa communauté, comme trop souvent aujourd'hui.

Entre nous, on s'appelle d'ailleurs « les bébés des réseaux ».

En journée, il faut tenir un sacré rythme. J'apprends les trucs et astuces de la télévision. Je regrette le pull que j'ai enlevé le premier jour, et que je ne peux pas remettre quand la fatigue et la climatisation ont raison de moi : les images doivent être raccord.

Une émission d'une heure et demie, c'est vingt heures de tournage sur deux jours. Je me rends compte que les gâteaux, c'est cool, mais si tu peux amuser la galerie, c'est bien aussi.

Je découvre l'amour de la caméra, non pas pour mon image mais pour l'exercice de s'exprimer, de partager une émotion. Je prends conscience aussi de l'importance du récit, d'emmener les gens avec toi dans une histoire. Quand, sur la première émission, Cyril Lignac nous met à l'épreuve de revisiter la tarte au chocolat, je décide de rendre hommage à mon papa avec qui, adolescente, je mangeais des Pim's à l'orange. Mon cœur en chocolat avec son « curd » à l'orange sur sablé breton, le tout dans une sphère en chocolat que l'on casse, n'en est que plus parlant. Je finis d'ailleurs cette première émission comme coup de cœur de Cyril Lignac ! Après, les choses se gâtent.

Au lieu de rester dans la simplicité,
je vais chercher des choses qui au fond ne me ressemblent pas.

Après la troisième émission, où je me démarque avec un « gravity cake » qui a l'air de tenir seulement grâce à des oursons, je lâche la pression. Je commence à ressentir la fatigue accumulée tous ces derniers mois, le manque de ma famille. **J'ai le sentiment d'avoir fait mes preuves. Cela ne m'empêche pas de pleurer quand je suis éliminée à mi-parcours.** Je suis triste de quitter les belles rencontres faites lors de cette aventure : les autres candidats, Alexandre, Sergio dont j'ai déjà parlé, et aussi Kosta, le régisseur cuisine sous la tente. Il nous hurle littéralement dessus pour que nos plans de travail soient impeccables, mais nous sauve la mise dix fois par jour en trouvant l'ingrédient, l'ustensile qu'il nous faut pour réaliser nos desserts. Et j'ai ce truc d'arriver à convaincre les forts caractères de devenir des alliés.

Moi qui redoutais de partir de Menton, je quitte le plateau du Meilleur Pâtissier le cœur serré, avec l'idée que j'aurais pu aller plus loin dans l'aventure. Ma participation au Meilleur Pâtissier doit rester confidentielle jusqu'à la diffusion du programme. Cette période entre mai et octobre n'est pas évidente. Et le grand jour de la première diffusion arrive, le 14 octobre 2015.

Je fais partie de ces éliminations qui font parler d'elles le lendemain de la diffusion.

Il me faut me réinventer professionnellement mais sans lancer encore mon entreprise de cake design, tant que je suis candidate.

Chaque fois, c'est le même rituel : la famille, les amis sont avec nous devant la télévision. Bizarrement, j'arrive à me regarder, c'est comme si une sorte de dissociation s'opérait en moi : la Roxane à la télévision n'est pas celle qui a travaillé dur pour en arriver là. Le sentiment de dissociation avec lequel je renoue inlassablement dans les moments durs, se révèle être le même dans les moments que j'estime ne pas mériter, comme si « c'était trop beau ». C'est une personne familière mais un peu différente, que je regarde avec bienveillance (enfin, je ne peux m'empêcher de scruter les quelques kilos que je me trouve en trop). Quand je vois mes larmes à l'écran, le soir de mon élimination, j'ai déjà eu le temps de passer à autre chose. Et de repenser à ces mots d'Alexandre, devenu mon journaliste attitré sous la tente : **« Tu as quelque chose, il faut que tu l'exploites, même si tu n'as pas gagné, tu peux aller très loin . »**

Ces paroles, et d'autres, m'ont portée, **l'aventure YouTube pouvait commencer.**

Les leçons à en tirer :

→ On ne part pas toujours favori, mais à force de travail et de persévérance, on atteint ses objectifs, comme ça a été le cas pour moi au Meilleur Pâtissier.

→ Découvrir le plaisir de la caméra, de partager des émotions et surtout l'envie de simplifier la pâtisserie : ces expériences hors normes mènent à de grandes découvertes.

Prendre confiance en soi, faire de ses faiblesses un atout : cela demande énormément de travail et d'investissement, et un entourage au top, mais quelle aventure sur le chemin de la connaissance de soi !

3 Partie

L'aventure YouTube : tout peut arriver !

Découverte de YouTube

« Merci, j'ai enfin réussi à faire une charlotte aux fraises. »

Des retours comme ceux-là, de ma communauté alors naissante, c'est du nectar dans mon moteur ! C'est exactement pour cela que je me suis lancée sur YouTube, le 28 juillet 2015, avant même la diffusion du Meilleur Pâtissier. Je sors de cette expérience de la télévision à la fois comblée d'avoir fait partie des onze candidats de l'aventure, et vidée d'émotions après des semaines à travailler ma pâtisserie et des semaines à vivre pleinement les tournages, sous la tente comme loin des caméras. De retour à Menton, je n'ai pas envie de m'arrêter là. **J'aime les défis et une nouvelle envie a commencé à germer dans ma tête.**

Plus encore qu'avant de tourner l'émission, je veux partager toutes les connaissances que j'ai apprises : après avoir découvert combien les livres de pâtisserie sont ardus et les ressources quasi absentes d'Internet, après m'être formée en autodidacte, après avoir traversé le Meilleur Pâtissier... **Je veux montrer que la pâtisserie est accessible à tous si elle est expliquée de façon simple.** Qu'elle ne prend pas forcément des heures à être réalisée, si on a accès à des astuces et des étapes réduites à l'essentiel. Il faut choisir les mots, montrer les bons gestes, encourager. Je m'inscris sur YouTube dans l'unique but d'y partager tout ce que j'ai appris. Enfin, au début, je fais des petits tutos avec mon téléphone sur ma page Facebook de cake design ! Puis un ami me parle de YouTube.

Mes premières vidéos, c'est vraiment du spontané au plus haut point !

Le site d'hébergement de vidéos n'est pas le média incontournable qu'il est aujourd'hui, avec ses milliards d'utilisateurs. Le terme « youtubeur » n'est pas encore entré dans le langage commun, encore moins celui d'influenceur ! Je n'ai aucune conscience de l'ampleur que tout cela va prendre dans ma vie, ni du tournant en train de se jouer pour moi. **La vie réserve de belles surprises en coulisses, il ne faut jamais l'oublier dans les moments plus difficiles.** Au début, je mène cette nouvelle activité en parallèle de mes commandes de cake design. Je filme avec mon téléphone portable, sans micro ni lumière. Un petit carnage avec le recul ! Mais je suis sévère, c'est pour ainsi dire les débuts de YouTube et nous tâtonnons tous.

J'appelle ma chaîne « L'atelier de Roxane » parce que c'est vraiment ça, je cuisine dans mon cabanon de jardin, où j'ai installé mon laboratoire. En passionnée de cake design, je veux partager ce savoir-faire, mais aussi que l'on fasse ensemble des cupcakes, des cakes pops, des recettes kawaï, des gâteaux traditionnels. Et bien sûr suivre les saisons : j'adore Noël, la Saint-Valentin, Pâques, les anniversaires, tout ce qui est l'occasion de se réunir autour d'une thématique festive ! Dans ma première vidéo, je montre comment faire un nœud en pâte à sucre. Mon visage n'apparaît pas à l'écran, juste mes mains en gros plan, en train de modeler les formes. **On est encore bien loin de la création de contenus ! Mais déjà, le plaisir est là, immense.** Je me pique au jeu, renouant avec des souvenirs d'enfance quand, avec mon frère, nous passions des dimanches entiers à concocter nos petites vidéos parodiques.

C'est ma bulle gourmande, bientôt la nôtre.

Mes abonnés sur Facebook me suivent dans cette nouvelle aventure YouTube. Je réalise qu'il va falloir m'équiper pour que ma chaîne ressemble au cocon gourmand dont je rêve : un lieu où partager le plaisir de pâtisser dans une ambiance joyeuse. J'achète ma première caméra en demandant des conseils à mon père, passionné de photo, et en glanant des informations sur le Web. Je découvre les notions de longueur focale pour le zoom, de taille du capteur pour la netteté de l'image, de connectique, balance des blancs, trépied, prise de son… Je passe des heures à regarder d'autres vidéos YouTube, pour voir les éclairages et les points de vue qui me plaisent. Je me forme sur le tas, en véritable autodidacte. **C'est un travail de titan, j'y passe des heures, surtout que je tourne, je monte, je charge mes vidéos toute seule, sans aucune aide extérieure.**

J'ai envie de partager encore plus, de gagner en qualité.

Et je pressens très vite qu'il va falloir que je sois très présente, régulière, pour qu'un lien durable se crée avec vous. On n'imagine pas le travail pour produire trois à cinq vidéos par semaine, le rythme auquel je m'astreins alors !

Peu à peu, je lâche mon tablier noir des débuts pour un style plus naturel, à mon image. Je gagne aussi en aisance face à la caméra. J'apprends à « jouer » avec elle, à m'adresser directement à vous. Je me débarrasse des tics de la présentation télé, que je pouvais adopter au début. C'est une réelle conversation, un échange que j'entame avec vous, qui se poursuit dans les commentaires, les messages privés. J'ai une « base line » qui devient vite ma signature en introduction de toutes mes vidéos : **« Bonjour mes gourmandises ! »**, lâché sur un ton tonitruant. Ce terme me vient tout simplement : j'ai en tête « Sweety's », le nom que je veux donner à ma future entreprise de cake design. Au début, j'ai aussi très à cœur de préciser que s'abonner à ma chaîne YouTube est gratuit et n'engage en rien !

Bref, je fais mes premières gammes
dans la joie et la bonne humeur...
et avec beaucoup de travail aussi.

À mes côtés, il y a souvent ma fille Louane. Encore une fois, les choses se font naturellement. Avec mes enfants, je suis très fusionnelle. **Louane, elle a vraiment grandi avec moi dans la pâtisserie.** Quand je tourne dans mon cabanon, elle est souvent là, pelotonnée dans un coin avec sa robe Reine des neiges, sa passion du moment. Si bien qu'un jour où elle ne tient pas en place, je lui lance : « Tu veux venir pâtisser avec moi ? » Sa réponse immédiate est un grand oui.

Pour notre première vidéo ensemble, j'imagine un gâteau Reine des neiges, évidemment. Notre duo mère-fille s'installe de façon très spontanée. Louane me rejoint quand elle en a envie, et uniquement quand elle en a envie. J'ai à cœur que ma chaîne reste « L'atelier de Roxane ». Je propose ainsi beaucoup d'autres vidéos, la plupart même où Louane n'est pas là. Et si elle pâtisse avec moi, c'est alors une petite fille qui passe un bon moment avec sa maman, jamais une petite fille à qui l'on dirait « souris », « fais ci, fais ça », « dis ça ».

Les choses sont très claires, il n'est pas question pour moi de mélanger les genres. Quand Louane me rejoint, je lui explique bien qu'il ne s'agit pas d'une vidéo de famille, comme l'on peut en faire à d'autres occasions. Du haut de ses 5 ans, elle comprend très bien que nous tournons une vidéo pour le travail de maman, qui va être vue par beaucoup de monde. Mathys, lui, s'est toujours tenu à l'écart de mes vidéos de pâtisserie mais nous a observées de près en faisant des apparitions quand les thématiques lui plaisaient ! Son envie de découvrir ce monde arrivera plus tard.

Nous avons toujours fonctionné à l'envie.

Je vois le nombre d'abonnés à ma chaîne grimper chaque jour. L'engouement est tel qu'il va bientôt me falloir faire un choix, un de plus. Cela ne peut pas être et le cake design et YouTube. Le premier cartonne et me fait vivre, le second en est, pour moi, à ses balbutiements : je viens juste d'apprendre qu'il est possible de monétiser ses vidéos, et je commence à peine à arrondir mes fins de mois. YouTube est la première plateforme à rémunérer les créateurs de contenus, via les publicités diffusées avant la vidéo et en fonction du nombre de vues. Me voilà donc face à un nouveau dilemme ! **Le dicton dit de ne pas lâcher la proie pour l'ombre, mais je crois dans le potentiel de YouTube**, malgré la prise de risque énorme : mes seuls revenus sont alors ceux de la publicité, il n'est pas encore question des partenariats.

Jusque-là, jamais je n'avais imaginé pouvoir en faire un métier.

Avec Loïc, nous décidons une fois de plus de tenter le « super banco ». Car la vie YouTube, c'est aussi une vie où je m'épanouis pour la première fois pleinement dans tous mes rôles. À la maternité, je dépendais de mes supérieurs. Avec le cake design, mine de rien, j'avais des horaires contraints par mes commandes, et par la force des choses je travaillais souvent le week-end. Là, si je décide de tourner à fond pendant une semaine, pour me libérer la suivante, je suis maîtresse de mon agenda, je peux m'organiser comme je l'entends. Je peux aller chercher les enfants dès la sortie de l'école, leur consacrer le temps que je veux.

Avant même l'idée de gagner ma vie, c'est cette liberté familiale qui m'attire. J'imagine que devenir créatrice indépendante de contenus va me permettre, enfin, de concilier vie professionnelle et vie personnelle. J'expose tous ces arguments un soir à Loïc, qui n'a pas vraiment besoin d'être convaincu par mon grand sourire et mes envolées lyriques : il voit à quel point je me sens libre, à quel point je prends du plaisir à partager mes vidéos avec mes abonnés. Il ne m'a pas encore rejointe dans l'aventure, mais il n'est jamais loin, et cette première année YouTube marque un vrai tournant dans notre vie.

C'est ma plus grande fierté :
avoir réussi à associer ma famille à cette aventure naissante, dans quelque chose de très sain où Loïc comme les enfants se sentent bien.

Lors de notre premier live sur YouTube, en août 2017, vous êtes plus de 12 000 à cuisiner des cookies en direct avec moi. Je suis si reconnaissante de tout l'amour que vous me transmettez. Je mesure chaque jour à quel point, sans vous, L'atelier de Roxane ne serait rien. Il grandit à vos côtés, et au rythme des vidéos, challenges et autres contenus que je développe en pensant chaque fois à vous. **Avec le livre de mes recettes qui se prépare, c'est un nouveau cap que nous allons franchir ensemble. Et quel cap !**

Les leçons à en tirer :

→ Je me lance sur YouTube avec l'envie de partager mon amour de la pâtisserie, et sans imaginer un jour en faire un métier. Faire partie des pionniers de l'aventure, me former en autodidacte pour faire grandir ma chaîne L'atelier de Roxane : c'est tellement excitant d'être parmi les premiers à faire quelque chose de nouveau !

Ma priorité reste de pouvoir concilier vie de famille et vie professionnelle, pour trouver un équilibre dans lequel je m'épanouis !

2 Mon premier livre

et le cap du million d'abonnés

Dès ma sortie du Meilleur Pâtissier, je n'ai qu'une idée en tête : **sortir mon livre de pâtisserie, comme le gagnant de l'émission.** Et cette idée continue de m'habiter, quand bien même un autre lien se construit chaque jour avec mes abonnés sur les réseaux sociaux. J'ai en effet envie de ce lien physique avec ma communauté, j'ai envie de partager mes recettes autrement que par des tutos, des « lives » et des vidéos, pour aller plus loin encore. Un livre, ça se feuillette, ça se met dans une bibliothèque, ça reste… C'est idiot sans doute, mais le livre symbolise aussi, pour moi, ma raison pour avoir participé au Meilleur Pâtissier. Une forme de légitimité en somme. Je n'ai d'ailleurs voulu me lancer dans l'aventure de l'édition que lorsque je me suis sentie prête. **Je voulais être certaine que ma pâtisserie plaise, que mon livre apporte vraiment quelque chose : ce plaisir de pâtisser en famille.**

Ma communauté grandissante m'a soutenue au-delà de mes espérances. Un ange gardien s'est aussi posé sur mon projet, en la personne de Philippe Conticini. Son attachée de presse prend un jour contact avec moi pour faire un live ensemble sur les réseaux sociaux. Moi, « petite » Youtubeuse, j'intéresse celui que je considère comme le plus grand des chefs pâtissiers ? Je suis autant excitée qu'anxieuse à l'idée de le rencontrer, tant ma pâtisserie, alors très colorée et girly, me semble éloignée de son univers.

Il est l'une des **plus belles rencontres** *pâtissières qu'il m'ait été donné de faire.*

Je monte alors à Paris avec Loïc et nous passons une après-midi de rêve dans ses cuisines. Je savoure son paris-brest de fou, son carrot cake et tant d'autres saveurs renversantes. Je l'écoute avec admiration parler de son parcours, et je l'entends me dire cette phrase si précieuse, avec son vouvoiement dont il ne se départit jamais. Elle agit sur moi comme un sésame : « Ce que vous faites, ce n'est pas forcément ce que je préfère, mais vous le faites très bien, vous avez un vrai potentiel. » Puis : « Il faut que vous sortiez votre livre. » Je balbutie en réponse quelque chose comme : « Vraiment, chef, vous le pensez ? » Dans la vie, nos parcours sont ainsi jalonnés de rencontres qui nous aiguillent dans la bonne direction. **Ce sont toutes ces rencontres qui, mises bout à bout, permettent d'avancer.**

Cette rencontre **a tout changé.**

Après ces échanges avec Philippe Conticini, j'ai commencé enfin à me sentir légitime. J'ai fait taire cette petite voix bien trop familière du sentiment d'imposture : comme si avoir été retenue parmi des milliers de candidatures pour participer au Meilleur Pâtissier ne suffisait pas à mes yeux pour valider mon choix d'en faire un métier. Il faut savoir que lorsque tu participes au Meilleur Pâtissier, un contrat de deux ans nous lie à la chaîne. Si tu veux publier un livre, tu dois leur demander en priorité. Moi, au départ, je ne pensais même pas à un beau livre, même un petit livre souple me convenait !

J'ai toqué deux fois à la porte de M6 avec mon idée de livre, et deux fois je me suis vu opposer un refus clair, net et précis. En somme, qui j'étais à vouloir sortir mon propre livre de pâtisserie ? **Je dois dire que j'ai pris ma revanche quand, quelques années plus tard, ils ont essayé de me faire revenir dans leur escarcelle en me déroulant le tapis rouge !** Mais on peut me faire tous les ponts d'or du monde, je suis quelqu'un qui marche à l'affect, aux rencontres coup de cœur, à la fidélité. C'est là que Didier, qui travaille dans la maison d'édition Solar, a su venir me chercher, trouver les bons mots, puis m'accompagner avec le sourire, et pas seulement avec un chèque.

L'écriture de mon premier livre se concrétise, cela me demandera un an de travail entre la recherche de recettes, les tests, l'écriture, la maquette. Puis arrive le moment que j'attends avec impatience : le shooting ! Nous sommes le 5 mai 2017 et Loïc, les enfants et moi-même montons à Paris pour réaliser les photos qui illustreront ce nouveau chapitre de notre vie.

Nous sommes dans le train quand mon téléphone sonne et affiche « Papa ». Je ne peux à ce jour toujours pas l'expliquer, mais j'ai tout de suite su que c'était grave, que cet appel allait faire chavirer ce wagon alors tranquille. Je décroche : « Ma puce, Péchou nous a quittés... » Péchou, c'est mon grand-père dont je vous parlais au début de cette histoire, l'homme qui a construit nos souvenirs d'enfants à Breil, qui nous a fait découvrir l'amour du partage, de la montagne, de la photo, des blagues. J'ai toujours été admirative de mon grand-père, lui qui a eu une vie tumultueuse, qui a connu la guerre et qui nous racontait à tous les repas ses histoires avec tellement de cœur que nous les vivions avec lui. Péchou a la pudeur des sentiments de mon papa et c'est ce qui me touche, c'est ce que j'aime le plus chez lui. Il nous aime sans même avoir besoin de le dire. **Cette pudeur que j'ai aussi rapidement regrettée car j'ai alors pendant longtemps rêvé que je le serrais fort dans mes bras, pour lui faire savoir que moi aussi je l'aimais. Savait-il vraiment à quel point ?**

Mon père raccroche et mes vieux démons ressurgissent. Je ne pense alors pas à ma douleur de petite-fille qui perd son grand-père mais à la douleur que ressentent mes proches. Comment papa vit-il la chose ? Et ma grand-mère qui va se retrouver seule à Breil ? Je me sens impuissante et égoïste d'être dans ce train, loin d'eux. Je sais qu'avec le recul mon père s'en est voulu de me l'avoir annoncé à ce moment-là ; mais il a eu raison de le faire. Je pense qu'il n'y a jamais de bon moment pour apprendre le départ de quelqu'un qu'on aime, mais je pense aussi qu'il est plus douloureux d'apprendre son départ que bien plus tard. Comme si nous avions raté son envol.

(Éternelle empathique, je sais de qui je tiens.)

Nous sommes dans le train, et je ne verse pas une larme. Parce que ces questions tournent en boucle et que mes enfants sont là. Je veux tous les protéger, encore. Loïc, depuis toutes ces années, me connaît parfaitement et endosse finalement le même rôle que moi. C'est qu'il l'aimait mon grand-père, ils ont passé des heures à se raconter des blagues et Loïc, passionné d'histoire, buvait ses paroles. Mais il ne dit rien, et à son tour, **il va ravaler sa tristesse pour apaiser la mienne.**

Nous poserons alors les mots lorsque nous aurons réussi à les trouver.

Le lendemain matin a lieu le shooting, après la première nuit passée dans un hôtel parisien. Je me réveille étonnée d'avoir bien dormi. Je me rends dans la salle de bains, je croise le miroir et là… Mes larmes sont incontrôlables, les souvenirs remontent telle une cascade qui ne peut s'arrêter. Tout défile et la prise de conscience est immédiate : « C'est fini, je ne le verrai plus. » Je ne pourrai pas lui dire à quel point son rôle de grand-père a été complet, à quel point je l'ai aimé. Puis, quand on montera à Breil, plus rien ne sera pareil. L'équilibre familial explose, je me retrouve face à mes traumatismes.

Je pleure deux heures durant, en essayant du mieux possible de ne rien montrer aux enfants. Le shooting se fait sur deux jours, on décide de faire les photos-portraits le lendemain et de se concentrer uniquement sur les photos où seules mes mains suffisent, sans donner d'explications à l'équipe par peur que leurs mots ne fassent de nouveau couler mes larmes. Je retrouve alors la main tendue de Loïc qui m'a déjà sauvée à plusieurs reprises, **il a les bons mots pour me donner la force que j'ai alors perdue.**

Quand j'arrive sur le lieu du shooting, je suis alors focus sur le travail. Roxane se met de côté pour laisser place à « L'atelier de Roxane », sans vous cacher que la présence de mon grand-père plane non loin. J'ai envie de lui faire honneur, qu'il soit fier de moi, de nous. Péchou gardait tous les articles de *Nice-Matin* (notre journal régional) datant du jour de nos naissances, et depuis mon apparition à la télé, il en faisait de même avec les articles parlant de mon parcours. Je connais son amour pour le papier et les souvenirs indélébiles qu'il laisse. C'est pourquoi j'ai glissé un mot doux à la fin de ce premier livre.

Après tout le travail de mise en page, mon premier livre gourmand sort en librairie en octobre 2017. « Si on en vend 1 000, c'est bien, 7 000, ce serait fou ! », me dit mon éditeur. Nous en avons vendu 290 000 exemplaires...

C'est un **best-seller !**

Vous êtes au rendez-vous, et cela m'émeut au plus haut point. J'ai l'impression de rêver lorsque je vois les queues folles qui s'allongent lors des dédicaces que nous organisons dans plusieurs villes de France. Le succès dépasse même les organisateurs, qui n'avaient pas anticipé tant de monde. Lors de ces dédicaces, je réalise ce qui, avec les réseaux sociaux, reste finalement assez virtuel : le lien fou que nous avons construit ensemble à travers la pâtisserie. En ouvrant les portes de L'atelier de Roxane, je n'imaginais pas à quel point nous serions nombreux dans l'aventure, à quel point nous partagerions d'émotions, de confidences, de rires. J'ai l'impression de remplir des stades d'amour : avec Loïc, grand passionné de foot, c'est la mesure qui nous permet de réaliser le nombre d'abonnés.

« *Tu te rends compte,* **on pourrait remplir Wembley !** », *décompte-t-il un jour.*

Nous sommes en vacances en Italie, dans un endroit avec peu de réseau, lorsque ma chaîne YouTube approche **le million d'abonnés.** Nous refaisons dare-dare nos valises : pas question de passer seuls ce cap. Comme désormais pour chaque moment important, nous lançons un live en famille à la maison, avec confettis et tutti quanti ! À l'époque, les gens ont le clic moins facile pour s'abonner qu'aujourd'hui, et le million est vraiment un chiffre qui assied ta légitimité sur YouTube. Ce cap me fait prendre confiance en moi.

Et il est bon parfois de savoir
se perdre pour mieux se trouver.

J'ai envie de montrer que je n'ai peut-être pas gagné l'émission du Meilleur Pâtissier mais que j'ai réussi à construire cette aventure sans l'aide de personne. J'écris cela sans aucun esprit de revanche : mon seul et unique message est qu'il faut croire en soi, ne pas s'arrêter à un échec, aussi difficile soit-il à appréhender. Moi, l'échec m'a confié des ailes. Il m'a poussée à me donner encore plus dans ce que je voulais. Il y a plusieurs chemins pour arriver au but que l'on s'est fixé. Il y a la voie qui semble royale. Il y a également d'autres voies, qu'il est tout aussi passionnant et enrichissant d'explorer. Je me répète cela en restant très humble. Je sais qu'il y a un facteur travail énorme, et qu'il y a un facteur chance aussi, pour être là au bon moment. Reste que d'être passée si vite de 30 000 abonnés à plus d'un million sur YouTube, et bientôt davantage encore, engage beaucoup. Je le pressens, je le ressens même physiquement, je ne vais pas pouvoir rester seule à tout gérer...

Les leçons à en tirer :

→ Ne laissez personne écrire le mot fin à votre place : il est possible de rebondir après une frustration, un échec, en empruntant d'autres chemins.

→ Il y a des personnes qui, arrivées tout en haut de l'échelle, ont cette générosité inouïe de transmettre, de tendre la main quand elles perçoivent un potentiel, une promesse.

Il faut croire en l'âme humaine… Il n'y a jamais de bons moments pour entendre les mauvaises nouvelles, et il est important de prendre le temps nécessaire pour les entendre.

3 Travailler en famille

Deux années se sont écoulées depuis le lancement de ma chaîne YouTube. Deux années intenses, où j'ai enchaîné les heures de travail, tout en voulant être présente pour les enfants, partager des moments avec Loïc, ma famille, mes amis. Deux années à l'issue desquelles mon premier livre de pâtisserie, à peine sorti en librairie, se retrouve en rupture de stock ! Et par-dessus tout, les dédicaces sont venues couronner cette période, à la fois folle et épuisante. Je ne le vois pas tout de suite, mais un cycle est en train de se clore pour moi, celui de L'atelier de Roxane, porté par mes seules et vaillantes épaules. Il n'est pas facile de lâcher son bébé, au sens propre comme au figuré. On le voit grandir, on veut garder la maîtrise des soins, du destin, mais il y a un moment où il faut savoir lâcher prise. D'autres aussi doivent se pencher sur le berceau. **La métaphore est d'autant plus vraie, il me semble, en matière d'entrepreneuriat.**

Plus j'avance dans **la vie**, *plus je suis persuadée qu'elle* **fonctionne en cycles.**

L'été qui suit les dédicaces, je plonge dans un état émotionnel étrange. Je suis juste ailleurs, sans très bien savoir où… Je n'éprouve plus aucun plaisir à faire les choses. Je ne comprends pas ce qui m'arrive : sur le papier, j'ai tout pour être heureuse, mais en ces longues journées estivales, je ne le suis pas.

C'est cet été que nous avons connu notre séparation dont je vous ai parlé, et ce n'est qu'après être sortie du tunnel que je réussis à mettre des mots sur ce que je vis : un véritable burn-out. Finalement, cette épreuve de couple nous a renforcés et m'a confrontée à une nouvelle réflexion : je suis complètement dépassée par les événements de ce nouveau travail et il me faut quelqu'un à mes côtés. Quelqu'un qui aimera ce bébé autant que moi, quelqu'un qui me connaît, me comprend. La solution est là, comme une évidence : nous allons travailler en famille. Je ne vous cache pas que cette décision est aux antipodes de ce que je prônais encore quelques années auparavant ! Je me demandais alors comment faisaient les couples qui devaient se supporter H24 et, surtout, je rêvais de cette indépendance professionnelle ! Mais ce n'est pas le premier risque que nous prenons, au moins nous aurons tenté ! **Loïc quitte son emploi d'agent immobilier, et une nouvelle aventure commence.** Avec le recul, c'est la meilleure chose que nous ayons faite.

Dès ce moment-là,
tout ou presque a changé.

Nous n'avons jamais parlé de répartition des rôles avec Loïc. Les choses se sont installées naturellement, petit à petit. Cette nouvelle partition de musique prenait vie comme les notes glissées sur MSN pour écrire le commencement de notre histoire. Au début, il m'aide dans tout ce qui est logistique : trouver les bons ingrédients, préparer les pesées. **Il est un peu comme le prolongement de mon bras.** Il me soulage de tout ce qui est chronophage et qui me fait perdre énormément d'énergie. Je sors enfin la tête de l'eau et c'est là que je mesure la force de travailler entourée de gens qu'on aime. C'était alors une évidence pour moi que mon petit frère Yoan rejoigne l'aventure à nos côtés. Il accepte très vite ma proposition et, en tant qu'autodidacte, se forme très rapidement… Il est désormais derrière la caméra, il s'occupe du montage : c'est un rôle très important que je ne peux offrir qu'à une personne d'entière confiance et qui y glissera autant d'amour que moi. J'ai trouvé la meilleure personne capable de tenir ce rôle. Jusqu'alors, j'avais tout créé toute seule, et je réalise qu'en déléguant de la sorte, ma chaîne gagne en qualité.

Mon frère apporte de nouvelles idées, dont nous débattons, et le contenu de mes vidéos évolue. Avec Loïc, nous prenons conscience que ce que nous voulons, c'est une entreprise familiale. Le mot est lâché et il n'a rien de grossier. Au contraire, il concrétise ce que nous vivons au quotidien : construire ensemble un projet fou. Vivre en famille les tournages, les rencontres formidables, les lieux magnifiques… C'est tellement plus enrichissant que si je le faisais seule, avec un agent ou une personne avec qui je n'aurais aucun atome crochu.

Là, **le plaisir** *est multiplié* **par 10 000 !**

En 2018, nous décidons alors d'agrandir notre terrain de jeu avec la création de notre site en ligne. Et comme tout ce que nous avons construit depuis le début, nous y allons au feeling. Pour être honnête, Loïc a eu cette envie de nouveauté car il voulait que son meilleur ami Nicolas rejoigne aussi l'aventure. On a alors créé une société qui lui proposerait un poste à nos côtés ! Le lancement a été explosif ! J'étais en tournage à Paris et je me souviens de Loïc et de Nicolas qui remplissaient mille cinq cents bons de livraison à la main ! L'imprimante avait lâché la veille ! Ils se sont bien trouvés, des mordus du travail à qui rien ne fait peur. Ce nouveau défi est aussi enrichissant que prenant. C'est ce j'aime dans ce travail, cette possibilité de pouvoir toucher à mille et une choses, de ne pas rester enfermée dans une case ! Et vous connaissez maintenant mes envies changeantes !

À ce moment-là, on était loin d'imaginer **l'engouement** *qui serait au rendez-vous.*

Évidemment, Loïc ne s'en tient pas aux seuls aspects logistiques. Il est un peu comme moi, il aime se former seul, apprendre en permanence. Être autodidacte ne lui fait pas peur. De ses études de commerce, il a aussi gardé le goût des négociations, d'imaginer le coup d'après. **Nous étions déjà complémentaires dans notre vie de couple, nous le devenons dans notre vie professionnelle.** Très spontanée, j'ai tendance à vivre et à travailler au jour le jour. Lui nous projette davantage dans le temps, sur le long terme. Très vite, il a cette vision de développer et de pérenniser la marque L'atelier de Roxane. À l'époque, cela ne se fait pas du tout. Dans cette nouvelle répartition des tâches, Loïc joue finalement un peu le rôle de manager. Je ne vais pas vous dire que c'est facile tous les jours !

Notre secret, *je pense, est d'être tous deux amoureux de ce que l'on fait, de* **nous donner à 100 %.**

C'est compliqué quand la personne qui te dit par exemple que tu es en retard sur ta vidéo du vendredi est aussi ton mari… J'étais habituée à tout gérer moi-même, à mener ma barque seule, forcément il y a des couacs au début. Mais nous parvenons plutôt bien à concilier travail et famille. Pas toujours facile d'appuyer sur pause, mais avec le temps, nous apprendrons à en prendre et à mesurer leurs nécessités.

Cette histoire de travailler en famille, c'est vraiment deux écoles. Je comprends très bien à contrario les personnes qui ne le feraient pour rien au monde, qui ont besoin de ne pas mélanger les genres et aussi d'une forme de distance pour mener à bien des projets avec les gens. Moi (maintenant), c'est tout l'inverse. Je ne me sens pas prête, pour le moment, à aborder le rôle de « patronne » avec des personnes que je ne connais pas. Je ne l'aborde d'ailleurs pas avec mes proches : on travaille main dans la main, dans un projet commun, avec des idées communes. J'ai aussi besoin d'avoir une confiance absolue en mon équipe dans ce milieu de la création de contenus, qui n'est pas toujours tendre. C'est pour toutes ces raisons que, par la suite, Alexia, qui est la femme de Nico et l'une de mes meilleures amies avec qui je partage tout, ainsi que ma belle-sœur Jessica, rejoindront l'aventure à leur tour.

Mais pour que cela réussisse, il faut se fixer des règles claires. Avec Loïc, avec mon frère, comme avec nos amis avec qui nous travaillons, nous nous sommes toujours dit : pas de non-dits, pas de hiérarchie verticale, et du dialogue avant toute chose. La priorité, c'est notre couple, notre famille, notre relation amicale. Cela n'empêche pas les tensions évidemment, et nous mesurons chaque jour les difficultés de ce challenge, mais je ne me verrais pas travailler différemment : **il n'y a rien de pire dans les relations humaines, comme professionnelles, que les conflits larvés, les rancœurs accumulées qui aboutissent inéluctablement à l'échec.**

Le travail ne doit pas être une source de dispute entre nous !

C'était ma plus grande peur dans cette organisation de travail et elle m'habite encore aujourd'hui. Je parle ici des personnes les plus importantes de notre vie, et perdre cette complicité serait mon plus gros échec. Nous avons d'ailleurs déjà abordé le sujet en étant clairs que si un jour cela arrivait, il faudrait être capable de stopper la machine avant de ne plus pouvoir faire marche arrière, pour nous sauvegarder. L'engagement que cela demande pour cette préservation est bien plus difficile que toutes les négociations que nous menons. Alors nous nous servons de nos erreurs communes pour grandir et apprenons à verbaliser de plus en plus ! Nous créons ensemble des souvenirs magiques et nos liens sont renforcés par cette aventure commune. Je pense que c'est cette peur, cette épée de Damoclès qui nous pousse à nous préserver d'autant plus, et c'est important d'en avoir pleinement conscience.

Avec cette nouvelle organisation, je gagne en liberté et en capacité de création. Au bout d'un moment, comme dans toute micro-entreprise qui se développe, c'est un peu le serpent qui se mord la queue lorsque l'on reste seule. Je voyais le potentiel de nouvelles pistes à creuser, mais avec un rythme de cinq vidéos par semaine, je n'avais pas le temps de les explorer et de continuer ainsi à grandir. En même temps, c'est ce rythme, ce travail d'arrache-pied, qui m'a permis de percer sur YouTube. Beaucoup considèrent que le succès de ma chaîne, c'est un succès facile.

Les gens ne perçoivent pas les heures de travail pour faire une vidéo, les sacrifices qu'il y a derrière. Mon outil de travail, c'est mon téléphone portable. Durant toutes ces années, je n'ai jamais pris de vacances en totale déconnexion. D'autant que les réseaux s'apparentent à une véritable course de fond ! Quand j'ai commencé, il y avait Facebook et YouTube. Puis Snapchat, Instagram et plus récemment TikTok sont entrés dans la danse. J'ai grandi avec chacun des réseaux. Et tout ceci sans compter les livres et les agendas que nous publions chaque année.

Je suis la solaire Roxane, cultivant sans le vouloir une **image assez lisse.**

Peu à peu, j'évolue dans mon rapport avec ma communauté. À mes débuts, je m'adresse à mes abonnés comme s'ils étaient mes enfants. Mais je prends conscience du piège qui s'ouvre à moi si je me laisse enfermer dans cette case, qui est finalement à l'opposé de ce que je suis et veux véhiculer : une femme, dans une cuisine rose, qui fait de la pâtisserie ! Moi qui ai toujours voulu fuir ces stéréotypes, je les sens rôder autour de moi.

Je ressens très vite le besoin de proposer autre chose, de diversifier mes contenus. Alors, très très vite, j'imagine des vidéos « lifestyle », des « challenges », des moments où l'on échange sur des thèmes sérieux. Nous formons aussi avec Loïc les « Ninou's », façon « Un gars, une fille », que l'on adore tous les deux. Peu à peu le décor de mon atelier évolue aussi. À l'image de ma pâtisserie, il va vers plus de naturel et de sobriété.

Je change aussi ma façon de parler, qui est de plus en plus naturelle et moins réfléchie.

C'est un cap qui n'est pas facile à passer. Je suis pleine de questions. C'est comme si tu avais un restaurant qui cartonne et s'appelle « Ratatouille ». Mais un jour tu en as marre de faire de la ratatouille et tu veux proposer des spaghettis bolognaise : est-ce que les gens vont venir et te suivre pour tes spaghettis ? Je me lance pourtant, en douceur… C'est plus fort que moi !

La transition se fait sur plusieurs années, et je me rends compte que ma communauté grandit en même temps que moi, j'évolue dans ma vie. Et elle me suit quand je lui montre que ma cuisine, chez moi, ce n'est pas tout rose tous les jours. Il y a la vie qui est là, débordante, avec les enfants, le quotidien. Instagram m'aide beaucoup à montrer la vraie vie. Je trouve dans ce réseau ce qu'il me manque avec YouTube : un instantané de vie.

C'est là que je commence à parler de moi, de mes questionnements et remises en question en tant que femme, maman, entrepreneuse. Je ressens ce besoin quotidien de partager, d'échanger avec ma communauté. Avec mes coups de cœur, mes coups de blues, mes mots posés là, sans autre prétention que de partager une réflexion sur la vie. Il va bientôt y avoir aussi les partenariats avec des marques, et pour moi la découverte d'un autre métier que les médias qualifient d'« influenceuse ».

Je réalise qu'en plus de m'aimer pour ma pâtisserie, les gens m'apprécient de plus en plus **pour ce que je suis dans la vraie vie.**

Les leçons à en tirer :

→ Lancer et porter seule sur mes épaules L'atelier de Roxane a été un challenge : comme dans toute démarche entrepreneuriale, il y a un tournant à prendre pour continuer de grandir.

→ Prendre un tournant, oui, mais en famille : Loïc me rejoint dans l'aventure. Ou quand la complémentarité se décline au niveau personnel comme professionnel !

Une communauté construite sur YouTube, mon évolution en tant que femme sur Instagram : je saisis l'opportunité d'évoluer, de montrer la vraie vie et pas seulement la vie rêvée d'une pâtissière dans sa jolie cuisine rose.

4 Le métier d'influenceur,
boires et déboires

Mon métier, c'est d'abord de **divertir les gens, pas de les influencer !**

J'ai mis beaucoup de temps à me considérer comme une « influenceuse ». Encore aujourd'hui, je ne me retrouve pas tout à fait dans ce terme largement utilisé dans les médias, avec tous les fantasmes qui l'accompagnent. Ce n'est pas que je ne me sente pas légitime ou que je nourrisse un syndrome d'imposture. Tout cela, bien heureusement, est derrière moi depuis longtemps. Je sais tout le travail accompli, le chemin parcouru. Simplement, je préfère le terme de créatrice de contenus, ou d'entrepreneuse.

J'ai la chance d'avoir un métier très (très) diversifié, et la fierté de m'être formée sur tous les fronts (cadrage, réalisation, négociation, lumière, son, édition, montage et tellement encore !). Et toutes ces aptitudes sont malheureusement encore bien trop minimisées et parfois entachées par le monde de la télé-réalité, qui renvoie cette image d'influenceur n'étant là que pour vendre des produits sur Instagram.

Je prends plaisir à être une maman, une femme imparfaite sur les réseaux, mais **je prends soin de choisir les moments que je montre.**

J'ai cœur à avoir une ligne éditoriale qui ne cède jamais au buzz. Je déteste le buzz, les faux clashs, l'appel à la haine. Car oui, maintenant, être détesté sur les réseaux, c'est un travail. C'est tellement facile de faire grimper ainsi la cote de popularité ! Mais ce n'est pas mon credo, ni ce pour quoi je me suis lancée sur YouTube. J'ai eu de la chance, à mes débuts, de rencontrer Soprano, devenu depuis un ami. Il m'a toujours dit : **« Mon secret, c'est d'être resté sur ma ligne directrice. »** Cette phrase, je ne l'ai jamais oubliée. Elle me sert toujours de boussole dans la jungle des réseaux sociaux.

Lorsque je commence à fournir un contenu qui n'est plus seulement de la pâtisserie, je pose d'emblée des limites. Avec les stories, les lives, tu peux vite tomber dans le piège de trop montrer. Avec Loïc, on n'en discute même pas, l'évidence est là : on ne va pas montrer tout ce que nous faisons. Une story, c'est 15 secondes. Sur une journée de 24 heures, je dois en partager à peine 20 minutes, et encore pas tous les jours ! Il y a 95 % de mes moments que les gens ne connaissent pas. Pareil, si je fais un « vlog » en vacances, je montre 5 % de notre temps, grand maximum.

Je préserve ma vie privée en tout cas, c'est ainsi que je ressens les choses et que je veux les vivre. Mon premier réflexe, quand je rigole avec mes enfants sur le canapé, n'est pas de prendre mon téléphone et de partager le moment avec mes abonnés, mais d'être juste dans l'instant présent avec eux. Contrairement à ce que l'on pourrait penser, je ne suis pas une grande consommatrice des réseaux ! **En soirée avec des amis, je suis la première à dire : « Posez vos téléphones, profitez du moment ! »**

Je crois avoir trouvé le bon dosage entre ce que je montre et ce que je vis pleinement dans la vraie vie, même s'il faut à chaque fois chercher et réajuster l'équilibre. Ce qui me permet de ne jamais me sentir noyée dans les réseaux sociaux. Il est vrai que j'ai été une jeune youtubeuse, avec des enfants, ce qui m'a sans doute fait me poser très tôt des questions sur ce que je voulais montrer… ou pas !

Le jour où ce n'est plus un plaisir mais une contrainte, **je me dirai qu'il faut que j'arrête les réseaux.**

Je le pense sincèrement, l'important pour moi n'est pas de faire grandir ma communauté mais plutôt ma marque L'atelier de Roxane. Pour le moment, la bascule est vraiment du côté du plaisir. Les réseaux ont cela de magique qu'ils évoluent sans cesse et participent à de vrais changements de société. Je pense que certains influenceurs ou créateurs de contenu ont par exemple aidé à dire aux jeunes que l'important est de s'aimer tels que nous sommes et avec le corps que l'on a. **Ce qui n'était pas gagné au départ…**

J'ai une pensée douce pour ma Julie

@douzefevrier que j'ai rencontrée grâce aux réseaux, et qui est aujourd'hui une personne indispensable dans ma vie. Son combat m'a heurtée en plein cœur, elle réveille les consciences et a clairement fait partie de ceux qui m'ont aidée à m'aimer, à m'accepter au naturel...

Quand Snapchat a débarqué, les filtres ont fait leur apparition dans le paysage des réseaux. D'abord rigolos, avec les têtes de chat, de chien et les visages déformés, ils ont vite pris un virage esthétique avec les filtres bonne mine, maquillage et anti-rides au rendez-vous. J'ai moi-même utilisé ces filtres pendant plusieurs années : pas facile de tomber le masque quand tu débutes sur les réseaux avec un filtre sur la tête ! Et puis... le confinement est arrivé. D'un point de vue personnel, j'ai su apprécier cette période, malgré l'atmosphère de fin du monde. **Être à la maison, avec mes enfants, vivre sans contrainte, suivant le rythme de chacun, correspond assez bien à ma définition du bonheur.**

D'un point de vue professionnel en revanche, il y a eu une période de remise en question : j'étais chez moi, tout le temps, mes abonnés entraient vraiment dans ma vie intime et c'est là que j'ai définitivement abandonné les filtres. Je ne vous cache pas que les débuts étaient difficiles, et encore plus avec la prise de conscience que je n'acceptais pas mon visage au naturel. C'est terrible quand on y pense. Et cela a finalement été tellement bénéfique, pour moi, pour mon épanouissement personnel, professionnellement : **j'étais enfin moi à 1 000 %.**

Ce retour aux sources a aussi changé ma pâtisserie : nous avions tous envie de goûters faits maison, d'authenticité. Nous l'avons fait ensemble lors de directs mémorables tellement nous étions nombreux. Après cela, il n'était plus question pour moi de travailler comme auparavant. Les allers-retours en avion à Paris pour une réunion, très peu pour moi quand cela peut se faire aussi bien à distance via Zoom ou Skype ! J'ai toujours voulu conserver mon cocon, malgré les nombreuses propositions de « faire carrière » à Paris, quitte à me fermer des opportunités. Ma vie de famille passe avant tout pour moi. Ce choix assumé n'a jamais paru aussi pertinent. Cette période se conclut aussi par une évolution professionnelle : **c'est à partir de la fin du confinement que je commence vraiment à vivre du partenariat avec des marques.** Avant cela, j'ai toujours fait un peu de placements de produits, mais ce n'était pas une source de revenus à part entière.

Moi, je crée du contenu sur différentes plateformes, qui ne rémunèrent pas toutes de la même manière. Je donne des heures de travail à Instagram, comme beaucoup d'autres, nous nourrissons le flux de posts et de réels vus par des milliers de gens. Quelque part, nous sommes des travailleurs d'Instagram... Seulement nous ne sommes pas payés pour !

C'est cela, **la réalité des réseaux.**

Alors, oui, les partenariats avec les marques sont une façon de monétiser nos contenus, et il n'y a là-dessus aucune honte à avoir. Je pense que les gens qui me suivent ont très bien compris qu'il fallait que j'en fasse, de façon ponctuelle, parce que c'est un travail. Plus exactement, c'est une contrepartie du travail fourni sur les contenus, et cela ne se résume pas à recevoir et à montrer des produits : c'est là que se logent le grand malentendu et les outrances du système, entretenus par quelques noms de la téléréalité, qui profitent d'une gloire éphémère pour vendre parfois n'importe quoi, n'importe comment.

Je prends soin de choisir mes collaborations avec les marques. Je ne suis pas une plateforme de téléachat et ne le deviendrai jamais. J'ai à cœur de ne proposer que des produits que j'utilise dans mon quotidien et en lesquels je crois. Je le fais avec parcimonie : **il n'est pas question d'inonder mon Insta de publicité et codes promo.** Moi-même je me désabonnerais de comptes qui feraient trop de placements de produits. Il ne faut pas oublier que les marques viennent vers toi aussi pour l'univers créatif que tu leur apportes et j'adore mettre en lumière ce qu'ils ont construit, c'est un travail que je trouve très épanouissant.

Je rappelle tout cela aux jeunes qui pensent que les réseaux, c'est l'argent facile. Beaucoup rêvent aujourd'hui de devenir « influenceurs », comme hier footballeurs. Ils oublient un peu vite que le succès ne vient pas tout seul, tout comme le talent sur un terrain de foot qui demande des années de travail et de sacrifices. Mon propos, bien sûr, n'est pas de les décourager mais de leur faire comprendre ceci :

il ne suffit pas d'allumer une caméra
pour devenir influenceur.

Aujourd'hui, nous avons avec Loïc un incroyable rythme de vie, mais nous avons pris des risques pour cela, nous sommes passés par des périodes difficiles. Et je ne vais pas mentir, il y a une part de culpabilité à gagner plus d'argent que ses parents, ses proches. C'est aussi un apprentissage. Les gens ont l'impression de devoir changer pour « entrer dans notre nouvelle vie », alors que ce n'est pas le cas et cela ne le sera jamais. Les paillettes, les tapis rouges, cela n'a jamais été notre truc. **Si tu me donnes le choix entre une soirée avec tout le monde de l'influence et une soirée dans le canapé avec mes enfants, je reste là, dans mon canap'.**

Au fond, nous n'avons pas changé avec Loïc : un repas à la bonne franquette chez nos amis est, pour nous, ce qu'il y a de plus précieux. On ne veut surtout pas les petits plats dans les grands. Notre façon de vivre tout cela a été d'embarquer nos amis proches dans l'aventure, et de partager avec eux, avec nos parents, des vacances tous réunis. Avec notre groupe d'amis, nous nous surnommons les « Tuches », comme le film. Nous nous connaissons d'avant ma notoriété. C'est un noyau solide, mon camp de base qui, je le sais, ne me décevra jamais.

Car la notoriété n'amène pas que du bon, et j'ai pu l'éprouver en matière d'amitié. À deux reprises, en 2019 et 2022, j'ai connu des déceptions violentes : des personnes qui, au début, m'aimaient pour ce que j'étais, et après pour ce que je pouvais leur apporter en termes de visibilité. C'est difficile de le réaliser quand cela arrive. D'autant plus qu'en amitié je suis entière : j'aime et je donne sans demi-mesure.

La réussite fait chavirer les têtes et les cœurs. Ici, en l'occurrence, ma réussite a entraîné un déversement de méchanceté et d'attaques qui dépassent l'entendement et toutes mes convictions en matière d'amitié. De par mon histoire, je ne sais pas fermer un livre, je laisse le droit à l'erreur, toujours. La vie est trop courte pour se séparer des gens que tu aimes pour des broutilles. Mais là, pour la première fois, j'ai renoncé à ces amitiés. Je me suis refusée à subir à nouveau des actes et des paroles que je ne cautionne pas.

Ces histoires d'amitié brisée m'ont beaucoup blessée. Le plus dur est de se demander si elles ont réellement été sincères un jour, au moins. Ou me suis-je trompée tout du long ? Avec YouTube, avec les réseaux, il y a toujours cette question de la confiance : est-ce que les gens sont là pour moi, Roxane, ou pour L'atelier de Roxane ?

Je sais que mes amitiés brisées s'inquiétaient que je divulgue l'histoire sur les réseaux. C'est décidément bien mal me connaître : **je ne me servirai jamais de mes réseaux pour faire du mal.** C'est bien autre chose que je partage, du respect, de la bienveillance, de la curiosité, et des rigolades aussi. Mon énergie, je la mets ailleurs, dans L'atelier de Roxane… et dans ma famille, qui s'agrandit avec l'arrivée d'Eden !

Les leçons à en tirer :

→ Devenir une « influenceuse » ? Je préfère à ce terme médiatique le terme de « créatrice de contenus », qui s'associe moins aux fantasmes de l'argent facile et de la notoriété.

→ Collaborer avec des marques devient plus régulier, avec toujours le souci d'apporter une vraie valeur ajoutée à ma communauté. Monétiser ses contenus ? Il ne faut pas en rougir tant que cela reste en adéquation avec ce qu'on est et ce qu'on en fait.

→ La notoriété ne m'a pas fait perdre le sens des réalités ni de l'amitié : les amitiés que j'ai perdues en chemin ne m'appréciaient pas pour ce que j'étais, mais pour la visibilité que je pouvais leur apporter.

Ma famille, mon noyau dur d'amis sont plus que jamais ma force.

5 La famille s'agrandit !

Longtemps, j'ai mis de côté mon désir de troisième bébé. Il y avait YouTube au milieu. Cela demande une telle énergie que, sur le moment, je trouve ça plus raisonnable d'attendre. **Quand je vois aujourd'hui à quel point c'est prenant avec Eden, je me dis que j'ai bien fait !** Mais sans doute, et même certainement, je me serais adaptée. Dans tous les cas, on ne réécrit pas l'histoire. Je suis dans ce dilemme que connaissent beaucoup de parents : est-ce qu'il vaut mieux attendre, ou pas, consolider son travail et offrir un futur plus sûr à ses enfants ? À notre second mariage avec Loïc, en 2018, j'ai tranché la question. Je ne veux pas passer à côté d'un enfant pour le travail.

De la même manière que je ne l'ai jamais fait pour Mathys et Louane, je ne veux pas le faire pour un troisième. Loïc, de son côté, ne se sent pas encore prêt, et il est hors de question pour moi que ce ne soit pas un choix fait à deux. Je patiente, en le harcelant un peu quand même ! Juste avant l'arrivée du Covid, nous sommes en vacances dans un paysage de rêve, aux Maldives, et Loïc commence à me dire : « C'est vrai, un bébé… »

Je ne suis pas prête et je n'ai pas envie de verbaliser **l'épreuve que je traverse.**

Je tombe enceinte très vite : c'est le premier gros secret que je ne peux pas partager avec mes abonnés. Surtout que je fais une fausse couche tardive et très compliquée, à presque trois mois de grossesse. J'ai perdu tellement de sang que j'ai frôlé la transfusion. C'est un combat que nous gardons pour nous, que je ne souhaite pas partager tellement la douleur est à vif, je ne suis pas prête à me confronter aux milliers de messages de compassion, ni aux questions qui arriveraient inévitablement ensuite : « Alors, vous reprenez les essais bébés, vous en êtes où ? Tu es enceinte ? » C'est la seule fois où je fais semblant d'aller bien sur les réseaux, alors qu'à l'intérieur de moi, c'est la tempête émotionnelle. Je culpabilise d'apparaître si mal aux yeux de mes proches, et si souriante sur mes vidéos. J'en viens à douter d'aller vraiment mal, vu que je suis capable de faire semblant d'aller bien. Puis je me rappelle cette réalité : **ce que je vis, là, c'est comme quelqu'un qui ne va pas bien mais qui se rend quand même au travail.**

Durant cette période, je fais moins de vidéos, moins de stories. Il y a toujours des enseignements à tirer des périodes difficiles : moi qui craignais par-dessus tout de m'absenter des réseaux, par peur que les gens m'oublient, je découvre que ce n'est pas le cas ! **Les gens qui me suivent le font parce qu'ils apprécient mes contenus, ma personnalité.** La majorité ne va pas se désabonner parce qu'un jour, une semaine, un mois, je vais être moins présente.

Certains, peut-être, s'en inquiètent et me le disent en message privé. Mais je pense que nous avons tous gagné en maturité avec les réseaux. Aujourd'hui, beaucoup de créateurs de contenus n'hésitent d'ailleurs pas à faire part de leur vulnérabilité, et je trouve cela très bien. Nous ne sommes pas des surhumains, juste des humains qui jouons le jeu de partager beaucoup sur les réseaux, et quelque part de nous exposer avec nos forces et nos fragilités.

Pour ma part, je me découvre une fragilité inattendue. Après la fausse couche, je développe un « trouble obsessionnel du bébé ». **Celles qui l'ont vécu savent que c'est un petit enfer.** Même quand j'ai mes règles et que je sais que ne peux pas être enceinte, je fais un test de grossesse chaque jour. Pour ensuite pleurer toutes les larmes de mon corps parce qu'il est négatif ! J'ai des dizaines d'applications sur mon téléphone. Tellement qu'à les écouter toutes, j'ovule tout le mois ! Je m'interdis de faire du sport, de manger certaines choses, je perds toute notion de plaisir. Je retiens pour une vidéo plus tard toutes les phrases assassines à ne pas dire à une femme, à un couple qui cherche à avoir un enfant : « N'y pensez plus, changez-vous les idées, ça viendra tout seul. »

J'en souris aujourd'hui, mais sur le moment **mon désarroi est complet.**

Ces phrases sont de vraies violences verbales qui ne servent qu'à culpabiliser la personne et lui dire, grosso modo, que c'est sa faute si elle ne tombe pas enceinte. Je me sors de ce trouble obsessionnel grâce à un suivi psychologique et à une lecture salvatrice que je recommande à toute personne qui vit la même chose : la géniale BD de Marie Dubois, *Un bébé si je peux*.

Passent des mois qui me paraissent des années, au bout desquels je tombe de nouveau enceinte. Le bonheur est indescriptible mais je n'ai alors aucune idée des angoisses qui allaient suivre. J'avais déjà vécu une fausse couche avant de tomber enceinte de Louane, mais peut-être du fait que j'étais plus jeune ou peut-être tout simplement parce que j'intériorisais encore beaucoup plus qu'à présent, je n'avais pas souvenir de cet ouragan de peurs. **Et voilà maintenant que je me mets à culpabiliser de ne pas parvenir à vivre pleinement ce moment de bonheur !**

De l'obsession de tomber enceinte, je me suis laissé emporter par la peur obsessionnelle de faire une fausse couche. C'est là que j'ai mesuré le traumatisme. Il y a quelques mois, je scrutais le moindre symptôme en espérant être enceinte et voilà que les mêmes rituels s'installent, mais cette fois-ci pour m'assurer de ne pas faire de fausse couche. Cette peur viscérale ne s'explique pas et est destructrice. J'avais tellement attendu cette nouvelle, mais mon corps m'interdisait d'y croire. Loïc sait toujours tempérer mes angoisses et me faire entendre raison quand je perds le contrôle avec des pensées complètement farfelues. Lui aussi a peur, je le sais, je le vois. Mais il endosse à son tour le rôle « positif » et me glisse de belles paroles comme : « Quoi qu'il advienne, je serai là. »

Son épaule est une fois de plus indispensable, pour le meilleur, et pour le pire ! Le corps médical prononce des phrases qui accentuent cette angoisse. « Avant trois mois, je ne peux rien avancer. » « Vous n'êtes qu'à la phase embryonnaire. » « On pourra en parler plus sérieusement quand vous aurez passé le cap des trois mois. » Et même la déclaration de grossesse, on ne la fait qu'après ce cap ! Donc, ça veut dire qu'aux yeux de tous, mon bébé n'existe pas ? Il n'est pas vu comme viable ? Je ne dois pas m'y attacher ? Je dois faire comme s'il n'était pas là ? Et tous ces projets de vie à cinq qui tournent dans ma tête, je dois les effacer ? Comment ?

On minimise trop le bienfait que l'échographie peut avoir sur les parents !

Par bonheur, sur notre chemin, nous allons croiser une sage-femme incroyable ! Et je mesure alors toute l'importance d'avoir un professionnel de santé à l'écoute ! Elle comprend mes angoisses et ne les minimise JAMAIS ! On multiplie les rendez-vous autant que possible pour apaiser mes peurs. Je ne sens pas encore bébé bouger, les échographies sont le seul moyen de le voir, de prendre conscience de cette nouvelle vie, de SAVOIR que tout va bien. Et ma sage-femme l'a compris, elle ne se limite pas aux trois échographies préconisées pour toute la grossesse.

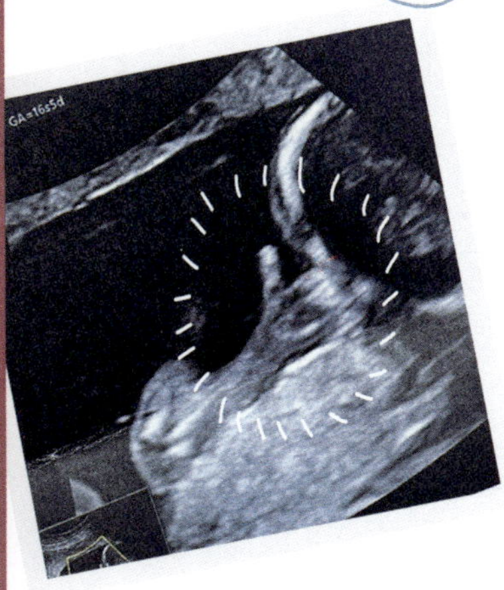

Je me souviens encore de ce jour de panique en promenade, avec Loïc. Je suis persuadée de faire une fausse couche. Ma sage-femme me prend en urgence, et lors de l'échographie, je découvre la main d'Eden, le pouce en l'air : « Maman, je vais bien. » Un moment libérateur et tellement puissant. Ce sera cette image qui déclenchera une prise de conscience : **UNE NOUVELLE VIE EST EN MOI !**

Le premier trimestre se termine et les angoisses se dissipent (sans jamais disparaître). Bien plus que de partager cette merveilleuse nouvelle, j'ai envie de partager cette expérience de vie. J'allume ma caméra et les mots glissent tellement l'envie d'aider et de réveiller les consciences est forte. Cette vidéo est une libération et encore plus bénéfique quand je lis les milliers de retours et de remerciements pour avoir « brisé les tabous ».

Je peux de nouveau être **pleinement moi, et cela fait un bien fou.**

Je vis l'attente d'Eden comme une grossesse miracle. C'est aussi la première fois que je vis un tel événement sur fond de réseaux sociaux : pour Mathys et Louane, ces réseaux n'existaient même pas ! Je ne le ressens absolument pas comme un poids. Au contraire, quel plaisir de partager mes expériences, d'accompagner de jeunes mamans pour qui c'est peut-être la première grossesse.

Pour Eden, je fais le choix d'accoucher sans péridurale pour vivre ce moment pleinement. J'y vais à l'instinct, sans préparation particulière tant j'ai l'impression que j'oublierai tout en salle d'accouchement. Loïc, qui est phobique de la douleur, est pourtant là, présent comme jamais à mes côtés. **Je pourrais faire un livre entier sur ce moment, tellement les émotions vécues sont foudroyantes.** Et vous le savez maintenant, quand les émotions me submergent… la caméra n'est jamais loin.

Eden arrive dans notre vie. **Comment décrire ce sentiment de plénitude qui m'habite ?** Je craignais l'écart d'âge avec Mathys et Louane, de les priver de choses qu'on ne peut plus faire avec un bébé. Ils déjouent mes pires scénarios. Je les vois avoir le même rôle que j'avais avec mon petit frère. Je nous vois continuer à vivre notre vie comme avant, en mieux : je ne suis plus la jeune maman pleine de doutes, mais une maman plus mature, même si évidemment cela n'enlève pas les questionnements et les nuits difficiles. J'avais peur que l'arrivée d'un bébé nous déséquilibre, et je pense qu'en fait Eden est notre équilibre. D'ailleurs, la phrase qui revient le plus souvent quand on nous revoit, c'est : « Mais qu'est-ce que vous êtes calmes ! » **Eden nous a apporté la sérénité.** Quand tu as un bébé, il faut plus de calme dans la maison. Quelque part, nous avons arrêté de courir dans tous les sens.

Nous prenons les choses avec **plus de recul, de zénitude.**

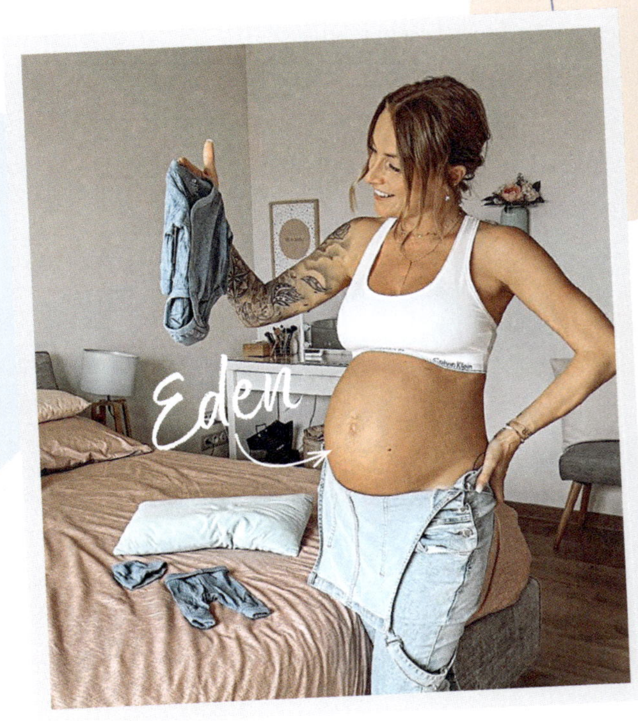

Les leçons à en tirer :

→ La fausse couche est encore bien trop mise sous silence. C'est un deuil. Accompagnez vos proches qui traversent cette douleur sans jamais la minimiser.

→ Avec ou sans péridurale : c'est un choix et il n'y a pas plus ou moins de mérite.

Nous trouvons notre équilibre de vie à cinq.

Le bilan

J'avoue avoir la gorge serrée à l'écriture de ce dernier chapitre. Je reviens sans cesse sur les précédents pour être sûre d'avoir les bons mots, le bon ton, de n'avoir rien oublié. J'ai peur. Je suis clairement flippée à l'idée de ne pas parvenir à retranscrire et à partager ces leçons de vie qui, j'espère, pourront aider, soulager, réconforter, encourager, pousser, relever certain(e)s d'entre vous !

Et puis l'écriture a été assez sportive, l'équilibre à cinq, c'est bien beau, mais trouver du temps pour soi, c'est beaucoup moins évident ! Il n'y a pas que du glamour, des rires et des câlins ! Ce serait trop facile (et ennuyeux) sinon ! Alors dès qu'une sieste se profile et que les ados sont au calme, je me pose et j'écris l'histoire de ma vie.

J'ai connu le syndrome de la page blanche pendant plusieurs semaines, les mots ne venaient plus, le doute s'installait. La pause s'est imposée et nous sommes partie à Hossegor chez nos amis Julie et Flavian. Nous sommes tombés amoureux de la région. Le calme et la déconnexion que nous y avons trouvé ont laissé sortir les mots que je n'osais pas coucher sur le papier. Parce que, finalement, ce livre, c'est aussi ma thérapie. J'ai appris sur moi en écrivant ma propre histoire. J'ai pu me rendre compte que je ne parvenais plus à écrire car une fois encore je (me) mentais. Je voulais minimiser mes douleurs pour préserver ceux que j'aime.

Peut-être l'ai-je encore un peu fait ? J'ai toujours adoré écrire, pour (me) mentir quand j'avais besoin de me protéger, mais aussi quand je ne parvenais pas à sortir ce que je ressentais.

Cette fois-ci l'écriture a été libératrice, m'a fait grandir et **je me sens plus forte,** *plus légère aussi.*

Si je fais le bilan, arrivée au terme de ce livre, si je dois tirer une leçon de tout mon parcours jusqu'à présent, c'est d'abord celui-ci : j'ai, dans ma vie, beaucoup écouté mon instinct. Il faut savoir s'écouter, savoir fuir quand il faut fuir, et ne pas avoir honte de rester à terre à certains moments. Ce que j'apprends encore chaque jour : assumer mes larmes, les essuyer, me relever, et surtout m'écouter. La vie est courte, je ne veux pas me réveiller sur le tard, enfermée dans une case qui ne me correspond pas. Je crois qu'il faut prendre des risques, mesurés certes, mais des risques. Vivre est un risque : après tout, tu prends le risque de mourir tous les jours. Est-ce qu'il n'est pas plus fun de vivre une vie en prenant des risques, que de vivre avec des regrets ? C'est en tout cas comme ça que je conçois la vie. J'ai besoin de cette adrénaline, de me dire que l'on peut tout recommencer à zéro, se lancer dans autre chose. J'ai le sentiment parfois d'avoir eu dix vies en trente-cinq ans !

Aussi, ces dernières lignes n'en sont pas vraiment pour moi. Je suis déjà en train d'écrire les suivantes, comme nous le faisons tous au quotidien. C'est le plus beau cadeau que nous apporte la vie, prenons-en soin.

Crédits photographiques :

Couverture : **Felix Barjou**

Toutes les photographies de l'intérieur proviennent d'archives personnelles, sauf
p. 7 : Nella/shutterstock.com ©

Direction éditoriale : **Didier Férat**

Édition : **Marjorie Goussu & Hugo Gadroy**

Rédaction : **Roxane en collaboration avec Caroline Delabroy**

Direction artistique et mise en page : **Le Bureau des Affaires Graphiques**

Assistant graphiste : **Guillaume Bézier**

Photogravure : **Chromostyle**

Fabrication : **Laurence Duboscq**

ISBN : 978-2-263-18122-1

Code éditeur : L18122

Dépôt légal : novembre 2022

Imprimé en Espagne par Egedsa.